*La diferencia entre aprobar
y sacar plaza*

Conserje Limpiador/a

AYUNTAMIENTO DE ALBACETE

Si aún no dispones de tu **Curso MAD360**, te ofrecemos un acceso GRATIS de 30 días para que disfrutes de los siguientes recursos:

- Técnicas de Memoria 360.
- MADTEST: Test *online* Nivel PRO.
- Temario en formato digital.
- Vídeos.
- Esquemas.
- Planificación de estudio.
- Foro entre opositores hasta la fecha del examen.*
- Recursos y novedades exclusivas.
- Consúltanos sobre tu oposición y proceso selectivo.
- Actualizaciones legislativas (Boletines Oficiales) hasta 60 días antes de la fecha del examen.*

Para acceder a esta prueba del Curso MAD360** será necesaria la compra de todos los libros para esta especialidad de la edición 2025.

Regístrate en **mad.es/iniciar-sesion** y en la pestaña BIBLIOTECA valida los códigos que encuentras en la última página de tus libros.

NOTA IMPORTANTE:

* Examen de esta categoría profesional correspondiente a la convocatoria publicada en el BOE n.º 65, de 17 de marzo de 2025, o hasta el 30 de abril de 2026, lo que se cumpla antes, y previa renovación del servicio.

** El acceso al CURSO MAD360 estará disponible desde abril de 2025 (algunos recursos podrían estar disponibles en fecha posterior). Tendrá una duración de 30 días RENOVABLES mediante pago, desde la validación de códigos, o hasta el 31 de octubre de 2026, lo que se cumpla antes.

MAD se reserva el derecho a ampliar dichas fechas.

Conserje Limpiador/a del Ayuntamiento de Albacete

Abril, 2025

Conserje Limpiador/a del Ayuntamiento de Albacete

Test del temario

Autores

FRANCISCO JESÚS TORRES FONSECA
Licenciado en Derecho

LIDIA PONCE MARTÍNEZ
Licenciada en Psicología

ANA MARÍA SERRANO BÁRCENA
Licenciada en Biología

M.ª DOLORES MOLADA LÓPEZ
Diplomada en Magisterio
Técnica en Prevención de Riesgos Laborales

JUAN MANUEL GIL RAMOS
Licenciado en Medicina. Master en Salud Ambiental
Médico Puericultor

HERMINIA ANDRADES ROMERO
Diplomada en Fisioterapia. Técnico Superior en Imagen para el Diagnóstico. Técnica Superior en Laboratorio de Análisis Clínico.
Prevencionista de Riesgos laborales (grado intermedio). Auxiliar de Enfermería

ENCARNA ROJO FRANCO
Autora de libros de texto: Oposiciones y Certificados de Profesionalidad
Profesora de Derecho Público

© 7 Editores Recursos para la Cualificación Profesional y el Empleo, S.L. (7 Editores)
© Los autores
Primera edición, abril 2025 (192 páginas)
Derechos de edición reservados a favor de 7 Editores
IMPRESO EN ESPAÑA
Diseño Portada: 7 Editores
Edita: 7 Editores
Avda. San Francisco Javier, 9 · Edificio Sevilla 2 · Planta 11 · Módulos 25-27 · 41018 Sevilla
Teléfono: 954 784 411 · WEB: www.mad.es · e-mail: administracion@7editores.com
ISBN: 978-84-142-9376-8
© "Editorial Mad" y "Eduforma" son nombres comerciales registrados de
7 Editores Recursos para la Cualificación Profesional y el Empleo, S.L.

Índice

Materia Común

TEST N.º 1

La Constitución Española de 1978: Las Comunidades Autónomas, la Jefatura del Estado y el Gobierno de la Nación

1. ¿En qué se fundamenta la Constitución Española?

a) En un Estado social y democrático de Derecho.
b) En la indisoluble unidad de la Nación española.
c) En la independencia de los poderes del Estado.
d) En la organización territorial del Estado.

2. Según el artículo 3 de la CE, el castellano es la lengua oficial del Estado y todos los españoles:

a) Tienen el deber de usar y el derecho de conocer el castellano.
b) Tienen el derecho y el deber de conocer el castellano.
c) Tienen el deber de conocer y el derecho de usar el castellano.
d) Tienen el derecho de conocer y usar el castellano.

3. La Constitución Española reconoce y garantiza el derecho a la autonomía:

a) De las nacionalidades que la integran.
b) De las regiones que la integran.
c) De las Comunidades Autónomas que la integran.
d) De las nacionalidades y regiones que la integran.

4. El Preámbulo de la Constitución:

a) Tiene en sí carácter de norma jurídica.
b) Es una declaración de intenciones, destinada a interpretar lo que se quiere alcanzar con el contenido normativo de la Constitución.
c) Se trata de un texto sin fuerza jurídica de obligar.
d) Las respuestas b) y c) son correctas.

5. ¿En qué parte de la Carta Magna se establece la exposición de motivos que impulsan la norma constitucional y los objetivos que con ella se pretenden alcanzar?

a) En el Título Preliminar.
b) En el Preámbulo.

11

c) En el Título I.
d) En el Título II.

6. La Constitución Española fue sancionada por:

a) El Rey.
b) El Presidente del Congreso.
c) Las Cortes Generales.
d) El Presidente del Gobierno.

7. ¿Cuáles de los siguientes españoles de origen pueden ser privados de su nacionalidad?

a) Exclusivamente los miembros de grupos terroristas.
b) Los miembros de grupos terroristas y los que atenten contra el Rey u otro miembro de la Casa Real.
c) Los que atenten contra un miembro de la Familia Real o del Gobierno de la Nación.
d) Ningún español de origen podrá ser privado de su nacionalidad.

8. Según la CE son fundamentos del orden político y la paz social:

a) La dignidad de la persona, los derechos violables que les son inherentes y el respeto a la ley.
b) La dignidad de la persona, el desarrollo limitado de la personalidad y el respeto a la ley.
c) El respeto a la ley, a los reglamentos administrativos y demás disposiciones legales.
d) La dignidad de la persona, los derechos inviolables que le son inherentes, el libre desarrollo de su personalidad, el respeto a la ley y a los derechos de los demás.

9. ¿Cuál de los siguientes es considerado por la CE como uno de los valores superiores del ordenamiento jurídico?

a) La jerarquía normativa.
b) El pluralismo político.
c) La publicidad normativa.
d) La equidad.

10. La forma política del Estado español es:

a) Democracia parlamentaria.
b) Gobierno parlamentario.
c) Monarquía parlamentaria.
d) República democrática.

11. El Estado se organiza territorialmente en municipios, provincias y las CC AA que se constituyan según dispone:

a) El art. 137 de la Constitución Española.
b) El art. 142 de la Constitución Española.

c) El art. 138 de la Constitución Española.
d) El art. 140 de la Constitución Española.

12. Señala la Constitución Española que las diferencias entre los Estatutos de las distintas Comunidades Autónomas no podrán implicar, en ningún caso, privilegios:

a) Políticos y sociales.
b) Económicos y sociales.
c) Culturales y sociales.
d) Políticos y culturales.

13. De conformidad con lo establecido en el artículo 148 de la CE, las CCAA podrán asumir competencias en las siguientes materias:

a) La agricultura y ganadería, de acuerdo con la ordenación general de la economía.
b) Ferias internacionales.
c) Fomento y coordinación general de la investigación científica y técnica.
d) Ninguna es correcta.

14. De acuerdo con los arts. 143 y 144 CE, las Comunidades Autónomas podrán formarse por:

a) Los territorios insulares.
b) Las Provincias limítrofes con características históricas, culturales y económicas comunes.
c) Los territorios cuyo ámbito territorial no supere el de una Provincia y carezcan de entidad regional histórica.
d) Todas son correctas.

15. ¿Qué artículo de la Constitución Española regula las vías ordinarias de acceso a la autonomía que fue adoptada por las Provincias limítrofes con características históricas, culturales y económicas comunes, los territorios insulares y las Provincias con entidad regional histórica?

a) El art. 140.
b) El art. 141.
c) El art. 143.
d) El art. 151.

16. Las Cortes Generales podrán, por motivos de interés nacional, autorizar o acordar, en su caso, un Estatuto de Autonomía para territorios que no estén integrados en la organización provincial, mediante:

a) Ley Orgánica.
b) Ley Ordinaria.
c) Real Decreto.
d) Decreto-Ley.

17. ¿En qué caso excepcional admite el art. 145 de la Constitución Española la federación de Comunidades Autónomas?

a) Cuando así lo decidan los Parlamentos de las Comunidades Autónomas afectadas, mediante acuerdo adoptado por la mayoría absoluta de sus miembros y lo autoricen las Cortes Generales, mediante una Ley Orgánica.

b) Cuando lo aprueben por mayoría absoluta todos los Ayuntamientos de las CCAA afectadas, y así lo autoricen las Cortes Generales, mediante una Ley Orgánica.

c) Cuando así apruebe expresamente las Cortes Generales, mediante Ley Orgánica y cuente con el visto bueno del Consejo de Estado.

d) En ningún caso.

18. El artículo 141 de la CE define la provincia como:

a) Entidad Local con personalidad jurídica propia, determinada por la agrupación de municipios y división territorial para el cumplimiento de sus fines. Cualquier alteración de los límites provinciales habrá de ser aprobada mediante Ley.

b) Entidad Local con personalidad jurídica propia, determinada por la agrupación de municipios y división territorial para el cumplimiento de las actividades del Estado. Cualquier alteración de los límites provinciales habrá de ser aprobada mediante Ley orgánica.

c) Entidad Local con personalidad jurídica propia, determinada por la agrupación de municipios y división territorial para el cumplimiento de las actividades del Estado y de las CCAA. Cualquier alteración de los límites provinciales habrá de ser aprobada mediante Ley orgánica.

d) Ninguna es correcta.

19. ¿Quién controla la actividad de la Administración autónoma y sus normas reglamentarias?

a) El Tribunal Constitucional.

b) El Gobierno.

c) Las Cortes Generales.

d) La Jurisdicción Contencioso–Administrativa.

20. El art. 156 CE establece que las Comunidades Autónomas gozarán de autonomía financiera para el desarrollo y ejecución de sus competencias con arreglo a los principios de:

a) Igualdad entre Comunidades Autónomas y eficacia en la gestión del gasto.

b) Austeridad en el gasto y solidaridad entre las regiones.

c) Coordinación con la Hacienda estatal y de solidaridad entre todos los españoles.

d) Igualdad entre todos los españoles y coordinación.

21. Señala uno de los recursos de las Comunidades Autónomas:

a) Sus propios impuestos, tasas y contribuciones especiales.

b) Rendimientos procedentes de su patrimonio e ingresos de Derecho Privado.

c) Transferencias de un Fondo de Compensación Interterritorial y otras asignaciones con cargo a los Presupuestos Generales del Estado.

d) Todas son correctas.

22. ¿Cuál es el Fondo diseñado por la Constitución Española para corregir los desequilibrios económicos interterritoriales y hacer efectivo el principio de solidaridad?

a) El Fondo de Garantía.
b) El Fondo de Compensación.
c) El Fondo de Solidaridad.
d) El Fondo de Igualdad Interterritorial.

23. ¿A quién corresponde distribuir los recursos del Fondo de Compensación entre las Comunidades Autónomas y provincias, en su caso?

a) Al Gobierno.
b) A las Cortes Generales.
c) Federación Española de Municipios y Provincias.
d) Al Ministerio de Política Territorial y Función Pública.

24. ¿Qué artículo de la Constitución Española señala las competencias que podrán asumir las Comunidades Autónomas?

a) El art. 145.
b) El art. 146.
c) El art. 148.
d) El art. 150.

25. Transcurridos cuántos años, y mediante la reforma de sus Estatutos, las Comunidades Autónomas podrán ampliar sus competencias dentro del marco establecido en el art. 149, que se refiere a las competencias exclusivas del Estado:

a) Dos años.
b) Cinco años.
c) Diez años.
d) Quince años.

26. El Estado podrá dictar leyes que establezcan los principios necesarios para armonizar las disposiciones normativas de las Comunidades Autónomas, aun en el caso de materias atribuidas a la competencia de estas, cuando así lo exija el interés general. ¿A quién corresponde la apreciación de esta necesidad?

a) Al Presidente del Gobierno.
b) Al Consejo de Ministros.
c) A las Cortes Generales, por mayoría absoluta de cada Cámara.
d) A las Cortes Generales, por mayoría simple de cada Cámara.

27. Señala cuál de las siguientes es una de las competencias exclusivas del Estado, a raíz del art. 149 de la Constitución Española:

a) La artesanía.
b) Asistencia social.

c) Sanidad e higiene.
d) Legislación sobre productos farmacéuticos.

28. Los Estatutos de Autonomía deberán contener:

a) La denominación, organización y sede de las instituciones autónomas propias.
b) La denominación de la Comunidad que mejor corresponda a su identidad histórica.
c) La delimitación de su territorio.
d) Todas son correctas.

29. ¿Quién controla lo relativo a la constitucionalidad de las disposiciones normativas con fuerza de Ley de las Comunidades Autónomas?

a) El Gobierno.
b) Las Cortes Generales.
c) El Tribunal Constitucional.
d) El Tribunal Superior de Justicia de la Comunidad Autónoma.

30. ¿Quién controla lo relativo a la actividad económica y presupuestaria de las Comunidades Autónomas?

a) El Tribunal Constitucional.
b) El Tribunal Supremo.
c) El Tribunal Superior de Justicia de la Comunidad Autónoma.
d) El Tribunal de Cuentas.

31. La asunción de funciones constitucionales por la Reina consorte:

a) Está prevista como regla general.
b) Depende de la voluntad del Rey.
c) Está prohibida.
d) Está limitada.

32. La tutoría del Rey puede recaer en:

a) Cualquier persona nombrada por las Cortes Generales, en su caso.
b) Sus hijos.
c) Una, tres o cinco personas.
d) Nada de lo anterior es cierto.

33. Una hija del Príncipe de Asturias ostentará este tratamiento:

a) Cuando su padre acceda a la condición de Rey, si es la primogénita, aunque tenga hermanos varones.
b) Al morir su padre.
c) Al acceder a Rey su padre, si no tiene hermano varón.
d) Cuando delegue en ella el propio Príncipe.

34. La Regencia se ejerce:

a) Por mandato del Rey.
b) En nombre de este.
c) Por mandato constitucional.
d) Las respuestas b) y c) son correctas.

35. La dirección de la defensa del Estado es competencia genuina del/de las:

a) Rey.
b) Fuerzas Armadas.
c) Gobierno de la Nación.
d) Todos ellos.

36. El refrendo de los actos del Rey está íntimamente relacionado con:

a) Su irresponsabilidad política.
b) Su inhabilitación.
c) La Regencia.
d) Sus poderes discrecionales.

37. En caso de que el Rey sea menor de edad:

a) No tomará posesión de su cargo hasta su mayoría de edad.
b) Ejercerá la Regencia el Príncipe heredero.
c) Ejercerá la Regencia su cónyuge.
d) Nada de lo anterior es cierto.

38. Si el Príncipe heredero tuviera descendientes y renunciara a sus derechos al trono:

a) Su cónyuge ejercería la Regencia hasta que su primogénito varón fuere mayor de edad.
b) Su cónyuge ejercería la Regencia hasta que dicho primogénito fuera proclamado Rey.
c) Se nombraría Princesa heredera a su hermana mayor, si la hubiere.
d) Nada de lo anterior es cierto.

39. La presidencia por el Rey de las reuniones del Consejo de Ministros:

a) Se permite solo respecto de las decisorias.
b) Ha de efectuarse a petición del Presidente del Gobierno de la Nación.
c) Está prevista constitucionalmente para dirigir la Administración Civil y Militar.
d) Las respuestas a) y b) son ciertas.

40. El juramento lo prestará el Rey ante el/las:

a) Cortes Generales.
b) Gobierno de la Nación.
c) Miembros de la Familia Real.
d) Pueblo español.

41. Si se agotan todas las líneas llamadas a la sucesión en la Corona de España, se:

a) Nombran Regentes.
b) Proveerá a la sucesión en la Corona por las Cortes Generales.
c) Proclama la República.
d) Establece una Dictadura.

42. La inhabilitación del Rey se reconoce por el/los/las:

a) Gobierno de la Nación.
b) Congreso de los Diputados.
c) Cortes Generales.
d) Tres Poderes constitucionales.

43. El Regente nombrado en defecto de padre, madre, pariente mayor de edad o Príncipe heredero mayor de edad se designa por el/las:

a) Propio Rey.
b) Cortes Generales.
c) Congreso de los Diputados.
d) Consejo de Regencia.

44. El Gobierno responde de su gestión política:

a) Solidariamente ante las Cortes Generales.
b) Solidariamente ante el Senado.
c) Solidariamente ante el Congreso.
d) Ninguna es correcta.

45. La responsabilidad política del Gobierno le es exigida por el Congreso mediante:

a) La moción de censura.
b) La cuestión de confianza.
c) Interpelaciones.
d) Cualquiera de ellas.

46. Entre las facultades del Presidente del Gobierno se encuentra:

a) La disolución de las Cortes Generales.
b) La propuesta de disolución de las Cortes.
c) La disolución del Consejo General del Poder Judicial.
d) Sancionar las leyes.

47. La responsabilidad del Gobierno ante el Congreso es de carácter:

a) Personal.
b) Individual.
c) Solidario.
d) Subsidiario.

48. ¿Los miembros del Gobierno pueden hablar en las Cámaras?

a) Nunca.
b) Siempre que lo deseen.
c) Sólo si son parlamentarios.
d) Sí, a propuesta del Presidente del Congreso.

49. ¿Toda interpelación al Gobierno podrá dar lugar a una moción?

a) Sí.
b) No, nunca.
c) Sólo en asuntos exteriores.
d) Ninguna es correcta.

50. ¿Quién nombra y separa a los miembros del Gobierno?

a) El Presidente del Congreso de los Diputados.
b) El Rey.
c) El Presidente del Gobierno.
d) El rey, previa autorización del Presidente del Congreso.

51. ¿Qué plazo establece la Constitución entre una primera votación y una segunda para elegir candidato a Presidente del Gobierno?

a) 24 horas.
b) 48 horas.
c) 72 horas.
d) No estabelece ningún plazo.

52. En la segunda votación para elegir candidato a Presidente del Gobierno, ¿qué mayoría se necesita?

a) Absoluta.
b) Cualificada.
c) Simple.
d) 3/5.

53. En la primera votación para elegir candidato a Presidente del Gobierno, ¿qué mayoría se necesita?

a) Absoluta.
b) Cualificada.
c) Simple.
d) 2/3.

Solución al test n.º 1

1. b) En la indisoluble unidad de la Nación española.

2. c) Tienen el deber de conocer y el derecho de usar el castellano.

3. d) De las nacionalidades y regiones que la integran.

4. d) Las respuestas b) y c) son correctas.

5. b) En el Preámbulo.

6. a) El Rey.

7. d) Ningún español de origen podrá ser privado de su nacionalidad.

8. d) La dignidad de la persona, los derechos inviolables que le son inherentes, el libre desarrollo de su personalidad, el respeto a la ley y a los derechos de los demás.

9. b) El pluralismo político.

10. c) Monarquía parlamentaria.

11. a) El art. 137 de la Constitución Española.

12. b) Económicos y sociales.

13. a) La agricultura y ganadería, de acuerdo con la ordenación general de la economía.

14. d) Todas son correctas.

15. c) El art. 143.

16. a) Ley Orgánica.

17. d) En ningún caso.

18. b) Entidad Local con personalidad jurídica propia, determinada por la agrupación de municipios y división territorial para el cumplimiento de las actividades del Estado. Cualquier alteración de los límites provinciales habrá de ser aprobada mediante Ley orgánica.

19. d) La Jurisdicción Contencioso–Administrativa.

20. c) Coordinación con la Hacienda estatal y de solidaridad entre todos los españoles.

21. d) Todas son correctas.

22. b) El Fondo de Compensación.

23. b) A las Cortes Generales.

24. c) El art. 148.

25. b) Cinco años.

26. c) A las Cortes Generales, por mayoría absoluta de cada Cámara.

27. d) Legislación sobre productos farmacéuticos.

28. d) Todas son correctas.

29. c) El Tribunal Constitucional.

30. d) El Tribunal de Cuentas.

31. d) Está limitada.

32. a) Cualquier persona nombrada por las Cortes, en su caso.

33. c) Al acceder a Rey su padre, si no tiene hermano varón.

34. d) Las respuestas b) y c) son correctas.

35. c) Gobierno de la Nación.

36. a) Su irresponsabilidad política.

37. d) Nada de lo anterior es cierto.

38. c) Se nombraría Princesa heredera a su hermana mayor, si la hubiere.

39. b) Ha de efectuarse a petición del Presidente del Gobierno de la Nación.

40. a) Cortes Generales.

41. b) Proveerá a la sucesión en la Corona por las Cortes Generales.

42. c) Cortes Generales.

43. b) Cortes Generales.

44. c) Solidariamente ante el Congreso.

45. a) La moción de censura.

46. b) La propuesta de disolución de las Cortes.

47. c) Solidario.

48. b) Siempre que lo deseen.

49. a) Sí.

50. b) El Rey.

51. b) 48 horas.

52. c) Simple.

53. a) Absoluta.

TEST N.º 2

La Administración Pública: concepto y clases. La Administración Local. El Municipio: concepto y Órganos de Gobierno. La Hacienda Pública: concepto y clases

1. ¿Cómo se denomina a la Entidad Local determinada por la agrupación de Municipios, con personalidad jurídica propia y plena capacidad para el cumplimiento de sus fines?

a) Comarca.
b) Región.
c) Provincia.
d) Mancomunidad de Municipios.

2. La mecanización e informatización de los trabajos burocráticos es un exponente del principio de:

a) Legalidad.
b) Eficacia.
c) Descentralización.
d) Jerarquía.

3. La dirección de los órganos inferiores, por parte de los superiores, se suele llevar a efecto a través de:

a) Instrucciones y órdenes de servicio.
b) La resolución de los conflictos entre los mismos.
c) La delegación de competencias entre ellos.
d) Todo lo anterior.

4. Como consecuencia de la delegación de competencias, estas:

a) Se transfieren a órganos superiores.
b) Se ejercen por órganos inferiores, manteniéndose la titularidad de las mismas en el órgano delegante.
c) Dejan de pertenecer a la esfera jurídica del órgano delegante.
d) El órgano al que se delegan puede fiscalizar la actividad del órgano delegante.

5. La revocación de una delegación de competencias:

a) Está prohibida con carácter general.
b) Solo se admite en caso de insuficiencia técnica del órgano al que se han delegado.
c) Puede producirse en cualquier momento.
d) Ha de efectuarse tras sentencia judicial al efecto.

6. Normalmente, la revocación de los actos de los inferiores por el superior jerárquico puede producirse tras la interposición del siguiente recurso o reclamación:

a) De alzada.
b) De revisión.
c) Contencioso-administrativo.
d) Cualquiera de los anteriores.

7. Una característica de los Entes descentralizados es que:

a) Carecen de personalidad jurídica.
b) Están subordinados jerárquicamente al órgano que efectúa la descentralización.
c) Pertenecen al mismo Ente que el que descentraliza.
d) Nada de lo anterior es correcto.

8. Cuando se efectúa el traspaso de la titularidad de una competencia de un órgano superior a otro inferior, se habla de:

a) Delegación.
b) Desconcentración.
c) Descentralización.
d) Coordinación.

9. En el supuesto denominado "delegación de firma", el órgano titular de la competencia:

a) Ha de firmar todas las comunicaciones que se produzcan.
b) Habilita al inferior para que ejerza la potestad sancionadora en su nombre.
c) Pierde la competencia de que se trate.
d) Nada de lo anterior es correcto.

10. La revisión de oficio de los actos de los inferiores:

a) Ha de acordarse por ellos mismos exclusivamente.
b) Puede ser instada procedimentalmente por el superior jerárquico.
c) No requiere procedimiento específico.
d) Se efectúa a través del recurso de alzada.

11. La avocación supone que:

a) Un órgano superior delega en el inferior una competencia.
b) El órgano superior revoca el acto del inferior.
c) Se asume el ejercicio de una competencia de un inferior por parte del superior.
d) Se produce cualquiera de las tres proposiciones anteriores.

12. El artículo 137 de la Constitución Española dispone:

a) El Estado se organiza territorialmente en Municipios, en Provincias y en las Comunidades Autónomas que se constituyan.
b) El Estado se organiza territorialmente en Municipios, en Provincias e Islas.
c) El Estado se organiza territorialmente en Municipios, en Provincias y en Comarcas.
d) El Estado se organiza territorialmente en Municipios, en Provincias y en Concejos.

13. De acuerdo con el artículo 141 de la Constitución Española:

a) El gobierno y la administración autónoma de las provincias estarán encomendados a las Diputaciones u otras Corporaciones de carácter representativo.
b) El gobierno y la administración autónoma de las provincias estarán encomendados al Pleno de la Diputación Provincial.
c) El gobierno y la administración autónoma de las provincias estarán encomendados a la Junta de Gobierno de la Diputación Provincial.
d) El gobierno y la administración autónoma de las Provincias estarán encomendados a las Corporaciones de carácter representativo.

14. Uno de los principios fundamentales en relación con el Régimen Local que recoge la Constitución Española es:

a) La autonomía de las Corporaciones Locales en la gestión de sus intereses.
b) El carácter democrático y representativo de sus órganos de gobierno.
c) La suficiencia de las Haciendas Locales.
d) Todas las respuestas anteriores son correctas.

15. ¿Es posible crear agrupaciones de Municipios diferentes de la Provincia?

a) No.
b) En algunos casos.
c) Solo si lo decide el Presidente del Gobierno.
d) Sí.

16. De conformidad con el artículo 140 de la Constitución Española, los concejales serán elegidos por sufragio:

a) Universal por parte de los ciudadanos del municipio.
b) Universal, igual, libre, e indirecto.

c) Universal, igual, libre, directo y secreto.
d) Universal, igual, libre, directo y secreto, en la forma establecida en la ley.

17. Según el artículo 103.1 de la Constitución Española, la Administración Pública sirve con objetividad los intereses generales y actúa de acuerdo con los principios de:

a) Eficacia, jerarquía, descentralización, desconcentración y suficiencia financiera.
b) Descentralización, desconcentración, altruismo y eficacia.
c) Eficacia, jerarquía, descentralización, desconcentración y coordinación.
d) Eficacia, jerarquía, descentralización, desconcentración y gratuidad.

18. El Texto Refundido de la Ley Reguladora de las Haciendas Locales fue aprobado por:

a) Real Decreto Legislativo 2/2014, de 5 de marzo.
b) Real Decreto Legislativo 2/1994, de 5 de marzo.
c) Real Decreto Legislativo 2/2004, de 5 de marzo.
d) Real Decreto Legislativo 2/2004, de 5 de abril.

19. Las elecciones locales se encuentran reguladas en:

a) El Reglamento de Servicios de las Corporaciones Locales, de 17 de junio de 1955.
b) El Texto Refundido de la Ley Reguladora de las Haciendas Locales.
c) La Ley Orgánica 5/1985, de 19 de junio, del Régimen Electoral General.
d) La Ley Orgánica Electoral de 2 de abril de 1986.

20. ¿En qué año se aprobó el vigente Reglamento de Organización, Funcionamiento y Régimen Jurídico de las Entidades Locales?

a) 1991.
b) 1982.
c) 1998.
d) 1986.

21. Señala cuál de los siguientes hitos no forma parte de la evolución de nuestro régimen local:

a) La Constitución de Cádiz de 1812.
b) Los Estatutos Municipal y Provincial de Calvo Sotelo, de 1924 y 1925.
c) Ley Municipal y Provincial de 1870.
d) El Decreto de Javier de León, de 30 de noviembre de 1833.

22. La personalidad jurídica de los Municipios, según la Constitución Española, es:

a) Propia.
b) Plena.
c) Reconocida por el Ente que los crea.
d) Dependiente de su autonomía.

23. Según nuestra Constitución, los Concejales no son elegidos por sufragio:

a) Universal.
b) Igual.
c) Paritario.
d) Libre.

24. La organización municipal complementaria que establezca una Comunidad Autónoma con carácter general, respecto a los Municipios de la misma:

a) Se aplica preferentemente a la establecida con tal carácter por el Estado.
b) Se aplica preferentemente a la establecida por el Reglamento Orgánico de cada Municipio.
c) Se aplica después de la del Estado y la del Reglamento Orgánico.
d) Las respuestas a) y b) son ciertas.

25. La elección de un Alcalde, tras unas elecciones locales, se efectúa:

a) Directamente en las elecciones locales.
b) En sesión extraordinaria al efecto.
c) En la sesión constitutiva de la Corporación.
d) Por los vecinos exclusivamente.

26. La destitución del Presidente de una Corporación Local se efectúa a través de la:

a) Renuncia.
b) Cuestión de confianza.
c) Moción de censura.
d) Las respuestas b) y c) son ciertas.

27. ¿Se puede presentar más de una moción de censura contra el mismo Presidente de una Entidad Local?

a) Sí, cuando prospere una de ellas.
b) Solo en distintos períodos de sesiones.
c) Depende del Reglamento Orgánico de la Entidad.
d) Nada de lo expuesto es cierto.

28. En una moción de censura contra un Presidente de una Entidad Local, puede ser candidato:

a) Los cabezas de lista.
b) Los portavoces de los Grupos Políticos.
c) Cualquier Concejal cuya aceptación expresa conste en el escrito de proposición de la moción.
d) Ninguno de los anteriores.

29. En el caso de que la cuestión de confianza planteada por un Alcalde no obtuviera el número necesario de votos favorables para la aprobación del acuerdo:

a) Quedan cesados todos sus miembros.
b) El Alcalde cesará automáticamente, quedando en funciones hasta la toma de posesión de quien hubiere de sucederle en el cargo.
c) Se nombra como tal al primer Teniente de Alcalde.
d) Se hace una nueva sesión constitutiva, tras la celebración de elecciones.

30. La denominada competencia residual, en virtud de la cual se le atribuyen aquellas competencias que no estén expresamente asignadas a otro órgano, la tiene en un Ayuntamiento el/la/las:

a) Pleno.
b) Comisiones Informativas.
c) Presidente.
d) Junta de Gobierno Local.

31. El voto de calidad del Presidente de una Corporación Local:

a) Inclina la votación al sector en el que él haya votado, en caso de empate producido en la reunión de un órgano colegiado.
b) Da fe del resultado de la votación.
c) Significa que es muy importante quien emite el voto.
d) Provoca la irrecurribilidad del acuerdo adoptado.

32. La aprobación del proyecto de presupuesto en un Municipio de gran población es competencia del/de la:

a) Presidente.
b) Junta de Gobierno Local.
c) Pleno.
d) Comunidad Autónoma.

33. La delegación de competencias de un Alcalde:

a) Se efectúa por acuerdo de Pleno.
b) Se reviste formalmente en forma de Decreto de dicho Pleno.
c) Se puede dar en todo tipo de materias.
d) Nada de lo anterior es correcto.

34. Los nombramientos de funcionarios en los Ayuntamientos de Municipios de régimen común corresponden al/a la:

a) Pleno.
b) Junta de Gobierno Local.
c) Presidente.
d) Delegado de Personal.

35. La aprobación de las formas de gestión de los servicios públicos en los Ayuntamientos de Municipios de régimen común corresponde genuinamente al/a la:

a) Pleno.
b) Presidente.
c) Junta de Gobierno Local.
d) Comunidad Autónoma respectiva.

36. En un Municipio de 7.000 habitantes, ¿cuántos Concejales habrá de elegirse para su Ayuntamiento?

a) Siete.
b) Diez.
c) Trece.
d) Quince.

37. La representación del Ayuntamiento compete al/a la/a los:

a) Alcalde.
b) Pleno.
c) Junta de Gobierno Local.
d) Tenientes de Alcalde en su ámbito competencial respectivo.

38. La Relación de Puestos de un Ayuntamiento de un Municipio de gran población la aprueba el/la:

a) Junta de Personal.
b) Pleno.
c) Alcalde.
d) Junta de Gobierno Local.

39. Conceder gratificaciones al personal en Ayuntamientos de Municipios de régimen común es competencia del/de la:

a) Pleno.
b) Presidente.
c) Junta de Gobierno Local.
d) Junta de Personal.

40. El ejercicio normal de acciones judiciales compete en un Municipio de gran población al/a la/a los:

a) Presidente.
b) Pleno.
c) Junta de Gobierno Local.
d) Anteriores, en las materias de sus respectivas competencias.

41. Señala cuál de los siguientes puede ser una forma de organización descon-centrada del Municipio, para la administración de núcleos de población separados, sin personalidad jurídica:

a) Parroquia.
b) Pedanía.
c) Aldea.
d) Todos los anteriores pueden serlo.

42. La Junta de Gobierno Local de un Ayuntamiento de Municipio de régimen común tiene, además del Presidente, los siguientes miembros como máximo:

a) Diez.
b) Depende del número de habitantes.
c) Dos tercios del de la Corporación.
d) Un tercio de estos.

43. Los Concejales-Delegados se nombran por el/la:

a) Presidente.
b) Pleno.
c) Grupo Político.
d) Junta de Gobierno Local.

44. Cuando un Teniente de Alcalde sustituye al Alcalde en una sesión, en la deli-beración y votación de un asunto en el que el sustituido debe abstenerse:

a) Tiene un doble voto.
b) Preside circunstancialmente la misma.
c) No puede votar.
d) No puede hacerlo.

45. El Pleno, respecto del nombramiento de los Tenientes de Alcalde:

a) Es oído previamente.
b) Toma conocimiento.
c) Lo aprueba.
d) No tiene nada que hacer.

46. El régimen retributivo de los órganos directivos municipales en un Municipio de gran población se establece por el/la:

a) Concejal-Delegado de Personal.
b) Alcalde.
c) Pleno.
d) Junta de Gobierno Local.

47. Los representantes personales en poblados y barriadas se dan solo en:

a) Los Municipios.
b) Las Provincias.
c) Las Islas menores.
d) Todas las respuestas son correctas.

48. La Comisión Especial de Cuentas es un órgano:

a) Necesario.
b) Complementario y, por lo tanto, facultativo.
c) Voluntario.
d) Decisorio.

49. Las Juntas Municipales de Distrito son creadas por el/la/los:

a) Comunidad Autónoma de que se trate.
b) Consejos Sectoriales.
c) Pleno del Ayuntamiento de que dependan.
d) Alcalde, a quien corresponde el nombramiento de sus integrantes.

50. Los grupos políticos de una Entidad Local deben estar representados forzo-samente en la/los:

a) Comisión Especial de Cuentas.
b) Órganos desconcentrados.
c) Consejos Sectoriales.
d) Todas las respuestas son correctas.

51. Tiene carácter transitorio en el mandato de una Corporación Local el/la/las:

a) Comisiones Informativas Especiales.
b) Comisión Especial de Cuentas.
c) Pleno.
d) Comisiones Informativas en general.

52. La principal fuente de financiación de las Haciendas Locales son los/las:

a) Créditos obtenidos de las instituciones financieras.
b) Ingresos de Derecho Privado.
c) Tributos propios.
d) Prestaciones personales de los vecinos.

53. Nuestra vigente Constitución, respecto de las Haciendas Locales, consagra el principio de:

a) Autodeterminación.
b) Suficiencia.

c) Autonomía.
d) Dependencia del Estado.

54. Para alcanzar dicho principio, en relación con los tributos del Estado y de las Comunidades Autónomas, las Haciendas Locales:

a) Se encargarán de gestionarlos y recaudarlos.
b) Percibirán las cantidades abonadas por los mismos.
c) Participarán de los resultados de dichos tributos.
d) Determinarán cuáles se implantan en el respectivo territorio de la Entidad Local de que se trate.

55. En cualquier caso, los recursos con que cuenten las Haciendas Locales:

a) Han de ser suficientes para el cumplimiento de los fines de las Entidades Locales.
b) Deben tener carácter tributario.
c) Solo deben gestionarse por las propias Haciendas Locales.
d) Todo lo anterior es correcto.

56. Y estos recursos han de estar previstos, previa y originariamente, en un/una:

a) Ley ordinaria de las Cortes Generales.
b) Ley de los Parlamentos Autonómicos.
c) Ordenanza Fiscal de la propia Entidad.
d) Reglamento de carácter general.

57. Es una figura tributaria un/una:

a) Precio público.
b) Operación de crédito.
c) Tasa.
d) Subvención.

58. También lo es un/una:

a) Precio público.
b) Subvención.
c) Multa.
d) Contribución especial.

59. La potestad tributaria de las Entidades Locales:

a) No tiene base legal alguna.
b) Es de carácter derivado o secundario.
c) En su territorio, tiene mayor valor que la propia del Estado.
d) La tienen reservada para la creación de sus propios tributos.

60. En cuanto a la posibilidad de dictar las Entidades Locales normas reglamentarias en esta materia:

a) Se manifiesta a través de Reglamentos Generales de Recaudación.
b) Se realiza mediante Bandos de los Alcaldes.
c) No se le reconoce legalmente.
d) Es requisito *sine qua non* para que puedan exigir sus tributos.

61. La figura a través de la cual se realiza dicha normación en esta materia por una Entidad Local es un/una:

a) Ley.
b) Ordenanza Fiscal.
c) Reglamento General.
d) Bando.

62. Respecto de los tributos previamente creados por una ley estatal como propios de las Entidades Locales, estas tienen:

a) Autonomía para establecerlos y exigirlos.
b) Que delegar en el Estado su gestión y recaudación.
c) Actuar al dictado de lo que señalen las Comunidades Autónomas respectivas.
d) Que ceder su aprovechamiento al propio Estado.

63. En relación con la gestión, recaudación e inspección de sus tributos propios, las Entidades Locales pueden:

a) Descentralizarlas en Entidades inferiores.
b) Concederlas a un particular o una empresa privada con personalidad jurídica.
c) Desconcentrarlas en otra Administración Pública.
d) Delegarlas en una Entidad Local de ámbito superior.

64. Asimismo, respecto de estas materias y en relación con el Estado, pueden:

a) Desconcentrarle las competencias.
b) Descentralizarle las mismas.
c) Establecer mecanismos de colaboración.
d) Delegarle estas competencias.

65. En defecto de su legislación específica, debe aplicarse en esta materia la ley:

a) General Presupuestaria.
b) De Presupuestos Generales del Estado de cada año.
c) Del Procedimiento Administrativo Común de las Administraciones Públicas.
d) General Tributaria.

66. Tienen carácter privado los ingresos procedentes del/de los:

a) Tributos en general.
b) Tributos del Estado.
c) Patrimonio.
d) Precios públicos.

67. Para la cobranza de sus tributos, las Entidades Locales:

a) No gozan de privilegios o prerrogativas.
b) Tienen los propios del Estado.
c) Han de utilizar los servicios propios del Estado.
d) Deben constituir Entidades de Crédito.

68. Los ingresos que procedan de los bienes de dominio público local tienen la consideración de:

a) Derecho Público.
b) Derecho Privado.
c) Tributos en cualquier caso.
d) Atípicos.

69. En cambio, los rendimientos derivados del patrimonio de las Entidades Locales se consideran ingresos de:

a) Derecho Público.
b) Derecho Privado.
c) Carácter tributario.
d) Carácter excepcional.

70. Una condición para considerar de carácter privado los ingresos derivados de un derecho real en favor de una Entidad es que:

a) Sean tributarios.
b) Dicho derecho real no se halle afecto a un uso o servicio público.
c) No posea este tipo de derecho la susceptibilidad de valoración económica.
d) Todo lo anterior es correcto.

71. La adquisición de un bien donado por un particular se considera, a estos efectos:

a) Ingreso de dominio público local.
b) Ingreso de Derecho Público.
c) Ingreso de Derecho Privado.
d) Contribución especial.

72. Lo que abona un particular por la prestación de un servicio público que le afecta o beneficia, siendo de recepción obligatoria, es un/una:

a) Impuesto.
b) Contribución especial.

c) Tasa.
d) Precio público.

73. Si dicho servicio público no fuera de recepción obligatoria, el particular abonaría un/una:

a) Impuesto.
b) Contribución especial.
c) Tasa.
d) Precio público.

74. En los Municipios de gran población, el titular del órgano de gestión presupuestaria puede ser:

a) Un miembro de la Corporación.
b) Un funcionario de Administración Local con Habilitación de carácter Nacional necesariamente.
c) Un funcionario de la propia Corporación.
d) Ninguno de los anteriores.

75. La Intervención General Municipal, en los Municipios de gran población, ejerce las funciones de:

a) Control y fiscalización interna de la gestión económico-financiera y presupuestaria.
b) Contabilidad.
c) Tesorería.
d) Todas las anteriores son ejercidas por la misma.

76. Cuando una Entidad Local realiza una obra pública, en virtud de la cual un ciudadano experimenta en sus bienes un incremento de valor, puede exigirle el pago de un/una:

a) Impuesto.
b) Contribución especial.
c) Tasa.
d) Precio público.

77. En dicho supuesto, la recaudación que se obtenga se destinará a:

a) Sufragar obras de beneficencia.
b) Pagar los gastos de la obra.
c) Incrementar los fondos de la Caja de la Corporación.
d) Cualquiera de las anteriores finalidades.

78. Es de carácter obligatorio su establecimiento y exigencia, para los Ayuntamientos, el Impuesto sobre:

a) El Incremento de Valor de los Terrenos de Naturaleza Urbana.
b) Circulación de Vehículos.

c) Construcciones, Instalaciones y Obras.
d) Vehículos de Tracción Mecánica.

79. Asimismo lo es el Impuesto sobre:

a) La Radicación.
b) Actividades Económicas.
c) Construcciones, Instalaciones y Obras.
d) El Incremento de Valor de los Terrenos de Naturaleza Urbana.

80. En cambio, es potestativo para el Ayuntamiento el establecimiento y exigencia del Impuesto sobre:

a) Actividades Económicas.
b) Vehículos de Tracción Mecánica.
c) Construcciones, Instalaciones y Obras.
d) Bienes Inmuebles.

Solución al test n.º 2

1. c) Provincia.

2. b) Eficacia.

3. a) Instrucciones y órdenes de servicio.

4. b) Se ejercen por órganos inferiores, manteniéndose la titularidad de las mismas en el órgano delegante.

5. c) Puede producirse en cualquier momento.

6. a) De alzada.

7. d) Nada de lo anterior es correcto.

8. b) Desconcentración.

9. d) Nada de lo anterior es correcto.

10. b) Puede ser instada procedimentalmente por el superior jerárquico.

11. c) Se asume el ejercicio de una competencia de un inferior por parte del superior.

12. a) El Estado se organiza territorialmente en Municipios, en Provincias y en las Comunidades Autónomas que se constituyan.

13. a) El gobierno y la administración autónoma de las provincias estarán encomendados a las Diputaciones u otras Corporaciones de carácter representativo.

14. d) Todas las respuestas anteriores son correctas.

15. d) Sí.

16. d) Universal, igual, libre, directo y secreto, en la forma establecida en la ley.

17. c) Eficacia, jerarquía, descentralización, desconcentración y coordinación.

18. c) Real Decreto Legislativo 2/2004, de 5 de marzo.

19. c) La Ley Orgánica 5/1985, de 19 de junio, del Régimen Electoral General.

20. d) 1986.

21. d) El Decreto de Javier de León, de 30 de noviembre de 1833.

22. b) Plena.

23. c) Paritario.

24. b) Se aplica preferentemente a la establecida por el Reglamento Orgánico de cada Municipio.

25. c) En la sesión constitutiva de la Corporación.

26. d) Las respuestas b) y c) son ciertas.

27. d) Nada de lo expuesto es cierto.

28. c) Cualquier Concejal cuya aceptación expresa conste en el escrito de proposición de la moción.

29. b) El Alcalde cesará automáticamente, quedando en funciones hasta la toma de posesión de quien hubiere de sucederle en el cargo.

30. c) Presidente.

31. a) Inclina la votación al sector en el que él haya votado, en caso de empate producido en la reunión de un órgano colegiado.

32. b) Junta de Gobierno Local.

33. d) Nada de lo anterior es correcto.

34. c) Presidente.

35. a) Pleno.

36. c) Trece.

37. a) Alcalde.

38. d) Junta de Gobierno Local.

39. b) Presidente.

40. d) Anteriores, en las materias de sus respectivas competencias.

41. d) Todos los anteriores pueden serlo.

42. d) Un tercio de estos.

43. a) Presidente.

44. b) Preside circunstancialmente la misma.

45. b) Toma conocimiento.

46. c) Pleno.

47. a) Los Municipios.

48. a) Necesario.

49. c) Pleno del Ayuntamiento de que dependan.

50. a) Comisión Especial de Cuentas.

51. a) Comisiones Informativas Especiales.

52. c) Tributos propios.

53. b) Suficiencia.

54. c) Participarán de los resultados de dichos tributos.

55. a) Han de ser suficientes para el cumplimiento de los fines de las Entidades Locales.

56. a) Ley ordinaria de las Cortes Generales.

57. c) Tasa.

58. d) Contribución especial.

59. b) Es de carácter derivado o secundario.

60. d) Es requisito sine qua non para que puedan exigir sus tributos.

61. b) Ordenanza Fiscal.

62. a) Autonomía para establecerlos y exigirlos.

63. d) Delegarlas en una Entidad Local de ámbito superior.

64. c) Establecer mecanismos de colaboración.

65. d) General Tributaria.

66. c) Patrimonio.

67. b) Tienen los propios del Estado.

68. a) Derecho Público.

69. b) Derecho Privado.

70. b) Dicho derecho real no se halle afecto a un uso o servicio público.

71. c) Ingreso de Derecho Privado.

72. c) Tasa.

73. d) Precio público.

74. c) Un funcionario de la propia Corporación.

75. a) Control y fiscalización interna de la gestión económico-financiera y presupuestaria.

76. b) Contribución especial.

77. b) Pagar los gastos de la obra.

78. d) Vehículos de Tracción Mecánica.

79. b) Actividades Económicas.

80. c) Construcciones, Instalaciones y Obras.

TEST N.º 3

Derechos de los trabajadores según la Ley de Prevención de Riesgos Laborales

1. ¿Qué se entiende por "riesgo laboral"?

a) La posibilidad de que un trabajador sufra un determinado daño derivado del trabajo.
b) La posibilidad de que un trabajador sufra una enfermedad en el trabajo.
c) La posibilidad de que un trabajador sufra acoso.
d) El riesgo que supone el ir a trabajar.

2. Indica cuál es la definición de prevención:

a) La probabilidad racional de que un riesgo se materialice de forma inminente.
b) El estudio de los procesos potencialmente peligrosos para el trabajo.
c) Conjunto de actividades o medidas adoptadas o previstas en todas las fases de actividad de la empresa con el fin de evitar o disminuir los riesgos derivados del trabajo.
d) Posibilidad de que un trabajador sufra un determinado daño derivado del trabajo.

3. Según establece el art. 4 de la Ley 31/1995, de 8 de noviembre, de Prevención de Riesgos Laborales, se define como daños derivados del trabajo:

a) La posibilidad de que un trabajador sufra un determinado daño derivado del trabajo.
b) El que resulte probable racionalmente que se materialice en un futuro inmediato y pueda suponer y pueda suponer un daño grave para la salud de los trabajadores.
c) Las enfermedades, patologías o lesiones sufridas con motivo u ocasión del trabajo.
d) Cualquier máquina, aparato, instrumento o instalación utilizada en el trabajo.

4. El objeto y carácter de la norma de la Ley 31/95 de Prevención de Riesgos Laborales dice:

a) La presente Ley tiene por objeto promover la salud de los trabajadores mediante la aplicación de medidas y el desarrollo de las actividades necesarias para la prevención de riesgos derivados del trabajo.

b) La presente Ley tiene por objeto promover la seguridad y la salud de los trabajadores mediante la aplicación de medidas y el desarrollo de las actividades necesarias para la prevención de riesgos derivados del trabajo.

c) La presente Ley tiene por objeto promover la seguridad de los trabajadores mediante la aplicación de medidas y el desarrollo de las actividades necesarias para la prevención de riesgos derivados del trabajo.

d) La presente Ley tiene por objeto promover la seguridad, la salud de los trabajadores y la negociación entre empresa y delegados de prevención, mediante la aplicación de medidas y el desarrollo de las actividades necesarias para la prevención de riesgos derivados del trabajo.

5. Cualquier característica del trabajo que pueda tener una influencia significativa en la generación de riesgos para la seguridad y la salud del trabajador, es:

a) Una condición de trabajo.
b) Un factor de riesgo.
c) Un proceso potencialmente peligroso.
d) Una zona peligrosa.

6. Toda lesión corporal que el trabajador sufra con ocasión del trabajo que ejerza por cuenta ajena:

a) Es un riesgo laboral.
b) Es un accidente.
c) Es una enfermedad profesional.
d) Es una simple circunstancia.

7. Señala la respuesta incorrecta:

a) La Ley de Prevención de Riesgos Laborales se aplica a los operativos de Seguridad civil en casos de catástrofe.
b) La Ley de Prevención de Riesgos Laborales se aplica a las sociedades cooperativas.
c) En el ámbito de la relación laboral de carácter especial del servicio del hogar familiar, las personas trabajadoras tienen derecho a una protección eficaz en materia de seguridad y salud en el trabajo.
d) En los establecimientos penitenciarios, se adaptarán a la Ley de Prevención de Riesgos Laborales aquellas actividades cuyas características justifiquen una regulación especial.

8. Para calificar un riesgo desde el punto de vista de su gravedad, se valorarán conjuntamente la severidad del daño y:

a) La probabilidad de que se produzca.
b) La cantidad de trabajadores de la empresa.
c) La existencia o no de equipos individuales de protección.
d) Las condiciones de trabajo.

9. ¿Quién debe garantizar a los trabajadores la vigilancia periódica de su estado de salud en función de los riesgos inherentes al trabajo?

a) La Inspección de Trabajo.
b) El propio trabajador.
c) El empresario.
d) Las secciones sindicales.

10. El derecho básico reconocido a los trabajadores por la Ley 31/1995, de 8 de noviembre, es:

a) La vigilancia de su estado de salud.
b) Una protección eficaz en materia de seguridad y salud en el trabajo.
c) La formación en materia preventiva.
d) La información, consulta y participación.

11. Entre los principios de la acción preventiva recogidos por el artículo 15 de la Ley de Prevención de Riesgos Laborales, no figura:

a) Evitar los riesgos.
b) Evaluar los riesgos que se puedan evitar.
c) Tener en cuenta la evolución de la técnica.
d) Dar las debidas instrucciones a los trabajadores.

12. En el marco de sus responsabilidades, el empresario realizará la prevención de los riesgos laborales mediante la integración en la empresa de:

a) Los equipos de protección individual.
b) Los Servicios de Prevención propios.
c) La actividad preventiva.
d) La normativa comunitaria.

13. Es un instrumento esencial para la gestión y aplicación del Plan de prevención de riesgos laborales:

a) La jerarquización de la estructura preventiva.
b) La elección de los equipos de trabajo.
c) La evaluación de riesgos.
d) La vigilancia de la salud.

14. La prevención de riesgos laborales deberá integrarse en el sistema general de gestión de la empresa a través de:

a) La política preventiva.
b) El plan de prevención.

c) El consenso de las partes.
d) El poder de decisión del empresario.

15. Podrán realizar el plan de prevención de riesgos laborales, la evaluación de riesgos y la planificación de la actividad preventiva de forma simplificada, en atención a la naturaleza y peligrosidad de las actividades realizadas, empresas cuyo número de trabajadores no exceda de:

a) 30.
b) 50.
c) 80.
d) 100

16. Los instrumentos esenciales para la gestión y aplicación del Plan de prevención de riesgos laborales son:

a) La evaluación de riesgos y la planificación de la actividad preventiva.
b) La evaluación inicial de riesgos y la formación.
c) La planificación y la gestión de la actividad preventiva.
d) La identificación y la evaluación de los riesgos.

17. En relación a la vigilancia de la salud que ha de garantizar el empresario, el acceso a la información médica de carácter personal:

a) Se limitará al empresario y a los Servicios de Prevención propios.
b) Se limitará al Jefe inmediato del trabajador.
c) Sólo será accesible al propio trabajador.
d) Se limitará al personal médico y a las autoridades sanitarias que lleven a cabo la vigilancia.

18. En relación a la vigilancia de la salud, no es cierto que:

a) El derecho a la vigilancia periódica del estado de salud puede prolongarse más allá de la finalización de la relación laboral.
b) Las medidas de vigilancia y control se llevarán a cabo por personal sanitario.
c) Los resultados de la vigilancia de la salud serán comunicados a los representantes de los trabajadores.
d) Se deberá optar por la realización de aquellos reconocimientos o pruebas que causen las menores molestias al trabajador.

19. El empresario garantizará a los trabajadores a su servicio la vigilancia periódica de su estado de salud:

a) Que deberá prolongarse más allá de la finalización de la relación laboral.
b) Solamente si la duración de la relación de trabajo temporal es superior a los tres meses.

c) Solamente si la duración de la relación de trabajo temporal es superior a los seis meses.
d) Excepto a los contratados por empresas de trabajo temporal.

20. Según recoge el artículo 4 de la Ley 31/1995, quedan específicamente incluidas en la definición de condición de trabajo:

a) Las características particulares de los locales, instalaciones, equipos, productos y demás útiles existentes en el centro de trabajo.
b) La naturaleza de los agentes físicos, químicos y biológicos presentes en el ambiente de trabajo y sus correspondientes intensidades, concentraciones o niveles de presencia.
c) Los procedimientos para la utilización de los agentes citados anteriormente que no influyan en la generación de los riesgos mencionados.
d) Todas aquellas otras características del trabajo, excluidas las relativas a su organización y ordenación, que influyan en la magnitud de los riesgos a que esté expuesto el trabajador.

21. Según la Ley de Prevención de Riesgos Laborales, es obligación de los trabajadores en materia de prevención de riesgos:

a) La protección eficaz en materia de seguridad y salud en el trabajo.
b) Utilizar correctamente los medios y equipos de protección facilitados por el empresario, de acuerdo con las instrucciones recibidas de éste.
c) Soportar el coste de las medidas relativas a la seguridad y la salud en el trabajo.
d) Desarrollar una acción permanente de seguimiento de la actividad preventiva.

22. En los casos de concurrencia de trabajadores de varias empresas en un centro de trabajo cuando existe un empresario principal, uno de los deberes de vigilancia por parte de éste, consistirá en:

a) Impulsar la regulación de esquemas organizativos, que eviten los accidentes de trabajo.
b) Comprobar que las empresas contratistas y subcontratistas concurrentes en su centro de trabajo han establecido los necesarios medios de coordinación entre ellas.
c) Asegurar la correcta utilización por parte de los trabajadores de las empresas concurrentes de los correspondientes dispositivos de seguridad disponibles.
d) Asegurarse de que los trabajadores concurrentes disponen de la formación preventiva correspondiente.

23. Cuando los trabajadores estén expuestos a un riesgo grave e inminente con ocasión de su trabajo, y el empresario no adopte o no permita la adopción de las medidas necesarias para garantizar la seguridad y la salud de los trabajadores, la Ley 31/1995, de 8 de noviembre, de Prevención de Riesgos Laborales prevé que:

a) Los trabajadores afectados podrán paralizar la actividad.
b) El órgano de representación del personal instará formalmente al empresario a la adopción de las medidas necesarias.

c) Los Delegados de Prevención lo comunicarán a la autoridad laboral, que adoptará las medidas necesarias.

d) El órgano de representación de personal podrá acordar la paralización de la actividad.

24. El art. 21 de la LPRL establece los requisitos y el procedimiento para que los representantes legales de los trabajadores acuerden la paralización de la actividad de los trabajadores que están o puedan estar expuestos a un riesgo grave e inminente si el empresario no adopta las medidas necesarias para garantizar la seguridad y salud de los trabajadores. La medida será adoptada por:

a) Acuerdo por mayoría absoluta de sus miembros. Tal acuerdo será comunicado de inmediato a la empresa y a la autoridad laboral, la cual, en el plazo de 48 horas, anulará o ratificará la paralización acordada.

b) Acuerdo por mayoría de 2/3 de sus miembros. Tal acuerdo será comunicado de inmediato a la empresa y a la autoridad laboral, la cual, en el plazo de 24 horas, anulará o ratificará la paralización acordada.

c) Acuerdo por mayoría de sus miembros. Tal acuerdo será comunicado de inmediato a la empresa y a la autoridad laboral, la cual, en el plazo de 48 horas, anulará o ratificará la paralización acordada.

d) Acuerdo por mayoría de sus miembros. Tal acuerdo será comunicado de inmediato a la empresa y a la autoridad laboral, la cual, en el plazo de 24 horas, anulará o ratificará la paralización acordada.

25. El art. 23 de la LPRL establece la documentación que el empresario debe elaborar y conservar a disposición de la autoridad laboral. De las siguientes no está incluido:

a) El Plan de prevención de riesgos laborales.

b) Evaluación de los riesgos para la seguridad y la salud en el trabajo.

c) La planificación de la actividad laboral.

d) La relación de accidentes de trabajo y enfermedades profesionales que hayan causado al trabajador una incapacidad laboral superior a un día de trabajo.

26. El posible cambio de puesto de trabajo con riesgo para una trabajadora embarazada:

a) Deberá realizarse en caso de imposibilidad de adaptación del propio puesto.

b) Se hará previo informe en tal sentido del Servicio de Prevención.

c) Se determinará por el empresario, y dará información a los representantes de los trabajadores.

d) Se extenderá al período de lactancia.

27. ¿Cuándo se deben utilizar los equipos de protección individual?

a) Siempre.

b) Cuando los riesgos no hayan sido evaluados.

c) Cuando los riesgos no se puedan evitar o no puedan limitarse.
d) Cuando el trabajador lo estime oportuno.

28. ¿Quién debe proporcionar al trabajador los equipos individuales de protección adecuados para el desempeño de sus funciones?

a) La Comunidad Autónoma.
b) El empresario.
c) Los Ayuntamientos.
d) El Instituto Nacional de Seguridad y Salud en el Trabajo.

29. Según el artículo 19 de la Ley de Prevención de Riesgos Laborales, la formación teórica y práctica en materia preventiva deberá:

a) Impartirse en horario dentro de la jornada de trabajo.
b) Impartirse por igual en jornada de trabajo y fuera del horario de trabajo.
c) Impartirse, siempre que sea posible, dentro de la jornada de trabajo o, en su defecto, en otras horas, pero con el descuento en aquella del tiempo invertido en la misma.
d) La formación teórica siempre debe ser en horario dentro de la jornada de trabajo y la formación práctica puede impartirse tanto dentro como fuera de la jornada de trabajo.

30. Las trabajadoras embarazadas, ¿tienen derecho a ausentarse del trabajo para la realización de exámenes prenatales y técnicas de preparación al parto?

a) Sí, con derecho a remuneración, previo aviso al empresario y justificación de la necesidad de su realización dentro de la jornada de trabajo.
b) Sí, con derecho a remuneración, sin necesidad de avisar al empresario ni justificar la necesidad de su realización dentro de la jornada de trabajo.
c) Sí, sin derecho a remuneración, previo aviso al empresario y justificación de la necesidad de su realización dentro de la jornada de trabajo.
d) No, en ningún caso.

Solución al test n.º 3

1. a) La posibilidad de que un trabajador sufra un determinado daño derivado del trabajo.

2. c) Conjunto de actividades o medidas adoptadas o previstas en todas las fases de actividad de la empresa con el fin de evitar o disminuir los riesgos derivados del trabajo.

3. c) Las enfermedades, patologías o lesiones sufridas con motivo u ocasión del trabajo.

4. b) La presente Ley tiene por objeto promover la seguridad y la salud de los trabajadores mediante la aplicación de medidas y el desarrollo de las actividades necesarias para la prevención de riesgos derivados del trabajo.

5. a) Una condición de trabajo.

6. b) Es un accidente.

7. a) La Ley de Prevención de Riesgos Laborales se aplica a los operativos de Seguridad civil en casos de catástrofe.

8. a) La probabilidad de que se produzca.

9. c) El empresario.

10. b) Una protección eficaz en materia de seguridad y salud en el trabajo.

11. b) Evaluar los riesgos que se puedan evitar.

12. c) La actividad preventiva.

13. c) La evaluación de riesgos.

14. b) El plan de prevención.

15. b) 50.

16. a) La evaluación de riesgos y la planificación de la actividad preventiva.

17. d) Se limitará al personal médico y a las autoridades sanitarias que lleven a cabo la vigilancia.

18. c) Los resultados de la vigilancia de la salud serán comunicados a los representantes de los trabajadores.

19. a) Que deberá prolongarse más allá de la finalización de la relación laboral.

20. b) La naturaleza de los agentes físicos, químicos y biológicos presentes en el ambiente de trabajo y sus correspondientes intensidades, concentraciones o niveles de presencia.

21. b) Utilizar correctamente los medios y equipos de protección facilitados por el empresario, de acuerdo con las instrucciones recibidas de éste.

22. b) Comprobar que las empresas contratistas y subcontratistas concurrentes en su centro de trabajo han establecido los necesarios medios de coordinación entre ellas.

23. d) El órgano de representación de personal podrá acordar la paralización de la actividad.

24. d) Acuerdo por mayoría de sus miembros. Tal acuerdo será comunicado de inmediato a la empresa y a la autoridad laboral, la cual, en el plazo de 24 horas, anulará o ratificará la paralización acordada.

25. c) La planificación de la actividad laboral.

26. a) Deberá realizarse en caso de imposibilidad de adaptación del propio puesto.

27. c) Cuando los riesgos no se puedan evitar o no puedan limitarse.

28. b) El empresario.

29. c) Impartirse, siempre que sea posible, dentro de la jornada de trabajo o, en su defecto, en otras horas, pero con el descuento en aquella del tiempo invertido en la misma.

30. a) Sí, con derecho a remuneración, previo aviso al empresario y justificación de la necesidad de su realización dentro de la jornada de trabajo.

TEST N.º 4

Medidas de igualdad en el empleo para la Administración General del Estado, según la Ley Orgánica 3/2007, de 22 de marzo, para la igualdad efectiva de mujeres y hombres

1. La ley que regula a nivel estatal la igualdad efectiva de mujeres y hombres, es:

a) La Ley 3/2007, de 12 de marzo.
b) La Ley orgánica 22/2007, de 3 de abril.
c) La Ley orgánica 3/2007, de 22 de marzo.
d) El Decreto Legislativo 7/2003, de 23 de mayo.

2. ¿Qué título de la LO 3/2007, de 22 de marzo, para la igualdad efectiva de mujeres y hombres, trata sobre el principio de igualdad en el empleo público?

a) Título II.
b) Título IV.
c) Título V.
d) Título VI.

3. Según su artículo 1, la LO 3/2007 tiene por objeto hacer efectivo el derecho de:

a) Conciliación de la vida laboral y familiar de mujeres y hombres.
b) Igualdad de trato y de oportunidades entre mujeres y hombres.
c) Participación en los asuntos públicos en igualdad de condiciones.
d) No discriminación por razón de sexo.

4. Las obligaciones establecidas en la LO 3/2007 son de aplicación a:

a) A toda persona, física o jurídica, que se encuentre o actúe en territorio español, cualquiera que fuese su nacionalidad, domicilio o residencia.
b) A todos los ciudadanos españoles, ya sea en territorio español o territorio de cualquier país extranjero.

c) A toda persona, física o jurídica, que se encuentre o actúe en territorio español, con nacionalidad española.

d) A toda persona, física o jurídica, que resida en territorio español, cualquiera que fuese su nacionalidad.

5. Según el artículo 4 de la LO 3/2007, la igualdad de trato y de oportunidades entre mujeres y hombres:

a) Es un deber de las Administraciones Públicas.

b) Es una fuente formal del Derecho.

c) Es un principio informador del ordenamiento jurídico.

d) Es un objetivo fundamental del procedimiento administrativo.

6. La situación en que se encuentra una persona que sea, haya sido o pudiera ser tratada, en atención a su sexo, de manera menos favorable que otra en situación comparable, se considera:

a) Discriminación directa.

b) Acoso sexual.

c) Discriminación indirecta.

d) Violencia de género.

7. A los efectos de la LO 3/2007, definimos como acoso sexual:

a) Cualquier comportamiento realizado en función del sexo de una persona, con el propósito o el efecto de atentar contra su dignidad y de crear un entorno intimidatorio, degradante u ofensivo.

b) La situación en que una disposición, criterio o práctica aparentemente neutros pone a personas de un sexo en desventaja particular con respecto a personas del otro, salvo que dicha disposición, criterio o práctica puedan justificarse objetivamente en atención a una finalidad legítima y que los medios para alcanzar dicha finalidad sean necesarios y adecuados.

c) Todo trato desfavorable a las mujeres relacionado con el embarazo o la maternidad.

d) Cualquier comportamiento, verbal o físico, de naturaleza sexual que tenga el propósito o produzca el efecto de atentar contra la dignidad de una persona, en particular cuando se crea un entorno intimidatorio, degradante u ofensivo.

8. Según el artículo 8 de la LO 3/2007, todo trato desfavorable a las mujeres relacionado con el embarazo o la maternidad constituye:

a) Acoso sexual.

b) Acoso por razón de sexo.

c) Discriminación directa por razón de sexo.

d) Discriminación indirecta por razón de sexo.

9. Cualquier comportamiento realizado en función del sexo de una persona, con el propósito o el efecto de atentar contra su dignidad y de crear un entorno intimidatorio, degradante u ofensivo, constituye:

a) Discriminación directa.
b) Acoso sexual.
c) Acoso por razón de sexo.
d) Discriminación indirecta.

10. Para prevenir la realización de conductas discriminatorias en los actos y las cláusulas de los negocios jurídicos, el artículo 10 de la LO 3/2007 prevé la existencia de un sistema de sanciones eficaz y:

a) Proporcionado.
b) Comprensible.
c) Cuantificable.
d) Disuasorio.

11. Según el artículo 10 de la LO 3/2007, los actos y las cláusulas de los negocios jurídicos que constituyan o causen discriminación por razón de sexo se considerarán:

a) Válidos, pero anulables.
b) Nulos y sin efecto.
c) Ilegales.
d) Nulos, pero con efectos.

12. Con el fin de hacer efectivo el derecho constitucional de la igualdad, los Poderes Públicos adoptarán medidas específicas en favor de las mujeres para corregir situaciones patentes de desigualdad de hecho respecto de los hombres. Tales medidas, que serán aplicables en tanto subsistan dichas situaciones, habrán de ser en relación con el objetivo perseguido en cada caso razonables y:

a) Justificadas.
b) Autorizadas judicialmente.
c) Transparentes.
d) Proporcionadas.

13. Conforme al artículo 12 de la LO 3/2007, cualquier persona podrá recabar de los tribunales la tutela del derecho a la igualdad entre mujeres y hombres, de acuerdo con lo establecido en el artículo 53.2 de la Constitución:

a) Siempre que la relación en la que supuestamente se produce la discriminación se encuentre vigente.
b) Incluso tras la terminación de la relación en la que supuestamente se ha producido la discriminación.

53

c) Siempre que se haya dado por terminada la relación en la que supuestamente se produce la discriminación.

d) A menos que se haya procedido a la suspensión de la relación en la que supuestamente se produce la discriminación.

14. La persona acosada será la única legitimada en los litigios:

a) Sobre discriminación directa.
b) Sobre acoso sexual y acoso por razón de sexo.
c) Sobre acoso sexual únicamente.
d) Únicamente sobre acoso por razón de sexo.

15. Según el artículo 15 de la LO 3/2007, el principio de igualdad de trato y oportunidades entre mujeres y hombres informará la actuación de todos los Poderes Públicos, con carácter:

a) General.
b) Transversal.
c) Integral.
d) Global.

16. El Gobierno dará cuenta del informe sobre el conjunto de sus actuaciones en relación con la efectividad del principio de igualdad entre mujeres y hombres:

a) Al Congreso de los Diputados.
b) A las Cortes Generales.
c) A las asociaciones y organizaciones de mujeres.
d) Al Defensor del Pueblo.

17. Los proyectos de disposiciones de carácter general y los planes de especial relevancia económica, social, cultural y artística que se sometan a la aprobación del Consejo de Ministros deberán incorporar:

a) Un Plan Estratégico de Igualdad de Oportunidades.
b) Una estadística o encuesta que posibilite el conocimiento de las diferencias en los valores, roles, situaciones y condiciones, de mujeres y hombres en el ámbito de acción del proyecto o plan.
c) Un informe periódico sobre el conjunto de sus actuaciones en relación con la efectividad del principio de igualdad entre mujeres y hombres.
d) Un informe sobre su impacto por razón de género.

18. Conforme al artículo 22 de la LO 3/2007, las corporaciones locales, con el fin de avanzar hacia un reparto equitativo de los tiempos entre mujeres y hombres, podrán establecer:

a) Planes Municipales de Empleo con perspectiva de género.
b) Ordenanzas de regulación del tiempo.
c) Ordenanzas o Edictos de representación equilibrada en los tiempos de la ciudad.
d) Planes Municipales de organización del tiempo de la ciudad.

19. Según el artículo 53 de la LO 3/2007, todos los tribunales y órganos de selección del personal de la Administración General del Estado y de los organismos públicos vinculados o dependientes de ella responderán al principio de presencia equilibrada de mujeres y hombres:

a) En todo caso.
b) Salvo por razones fundadas y objetivas, debidamente motivadas.
c) Salvo los casos previstos legalmente.
d) Salvo los casos que se prevean reglamentariamente.

20. La Disposición Adicional Primera de la LO 3/2007, determina que se entenderá por composición equilibrada la presencia de mujeres y hombres de forma que, en el conjunto al que se refiera, las personas de cada sexo:

a) No superen el 55 % ni sean menos del 45 %.
b) No superen el 70 % ni sean menos del 30 %.
c) No superen el 60 % ni sean menos del 40 %.
d) No superen el 65 % ni sean menos del 35 %.

21. El capítulo III del título V de la LO 3/2007, establece una serie de medidas que han de aplicarse obligatoriamente en la Administración General del Estado y en los organismos públicos vinculados o dependientes de ella, para favorecer la igualdad en el empleo público. Entre ellas figura:

a) Siempre que se apruebe la celebración de convocatorias de pruebas selectivas para el acceso al empleo público, sin excepción, se incluirá un informe de impacto de género.
b) En las bases de los concursos para la provisión de puestos de trabajo se computará, a los efectos de valoración del trabajo desarrollado y de los correspondientes méritos, el tiempo que las personas candidatas hayan permanecido en excedencia, reducción de jornada o permisos relacionados con la maternidad.
c) Cuando el período de vacaciones coincida con una incapacidad temporal derivada del embarazo, parto o lactancia natural, o con el permiso de maternidad, o con su ampliación por lactancia, la empleada pública tendrá derecho a disfrutar las vacaciones en fecha distinta, siempre que no haya terminado el año natural al que correspondan.
d) Preferencia por tiempo indefinido, en la adjudicación de plazas para participar en los cursos de formación a quienes se hayan incorporado al servicio activo procedentes del permiso de maternidad o paternidad, o hayan reingresado desde la situación de excedencia por razones de guarda legal y atención a personas mayores dependientes o personas con discapacidad.

22. La aprobación de convocatorias de pruebas selectivas para el acceso al empleo público en la Administración General del Estado o en los organismos públicos vinculados o dependientes de ella, deberá:

a) Asegurar la adjudicación de plazas ofertadas por el principio de presencia equilibrada de mujeres y hombres.
b) Reservar al menos un 40% de las plazas para cada sexo.

c) Acompañarse de un informe de impacto de género, salvo en casos de urgencia.

d) Separar las plazas que se hayan de cubrir por hombres de las que se hayan de cubrir por mujeres.

23. Según el artículo 58 de la LO 3/2007:

a) Cuando las condiciones del puesto de trabajo de una funcionaria incluida en el ámbito de aplicación del mutualismo administrativo pudieran influir negativamente en la salud de la mujer, del hijo e hija, podrá concederse licencia por riesgo durante el embarazo, en los mismos términos y condiciones previstas en la normativa aplicable. En estos casos, se garantizará la plenitud de los derechos económicos de la funcionaria durante toda la duración de la licencia, de acuerdo con lo establecido en la legislación específica.

b) Cuando las condiciones del puesto de trabajo de una funcionaria incluida en el ámbito de aplicación del mutualismo administrativo pudieran influir negativamente en la salud de la mujer, del hijo e hija, deberá concederse licencia por riesgo durante el embarazo, en los mismos términos y condiciones previstas en la normativa aplicable. En estos casos, se garantizará la plenitud de los derechos económicos de la funcionaria durante los dos primeros meses de la licencia, de acuerdo con lo establecido en la legislación específica.

c) Cuando las condiciones del puesto de trabajo de una funcionaria incluida en el ámbito de aplicación del régimen general de la seguridad social pudieran influir negativamente en la salud de la mujer, del hijo e hija, podrá concederse licencia por riesgo durante el embarazo, en los mismos términos y condiciones previstas en la normativa aplicable. En estos casos, se garantizará la plenitud de las retribuciones básicas de la funcionaria durante toda la duración de la licencia, de acuerdo con lo establecido en la legislación específica.

d) Cuando las condiciones del puesto de trabajo de una funcionaria incluida en el ámbito de aplicación del régimen general de la seguridad social hayan influido negativamente en la salud de la mujer, del hijo e hija, podrá concederse licencia por riesgo durante el embarazo, en los mismos términos y condiciones previstas para el mutualismo administrativo. En estos casos, se garantizará la plenitud de los derechos económicos de la funcionaria durante toda la duración de la licencia, de acuerdo con lo establecido en la legislación específica.

24. Conforme al artículo 59 de la LO 3/2007:

a) Cuando el periodo de vacaciones coincida con una incapacidad temporal derivada del embarazo, parto o lactancia natural, o con el permiso de maternidad, o con su ampliación por lactancia, la empleada pública deberá unir ambos períodos sumando los días de vacaciones que le correspondan.

b) Cuando el periodo de vacaciones coincida con una incapacidad temporal derivada del embarazo, parto o lactancia natural, o con el permiso de maternidad, o con su ampliación por lactancia, la empleada pública tendrá derecho a disfrutar las vacaciones en fecha distinta, antes de que termine el año natural al que correspondan.

c) Cuando el periodo de vacaciones coincida con una incapacidad temporal derivada del embarazo, parto o lactancia natural, o con el permiso de maternidad, o con su ampliación por lactancia, la empleada pública tendrá derecho a optar por estos permisos o por las vacaciones.

d) Cuando el periodo de vacaciones coincida con una incapacidad temporal derivada del embarazo, parto o lactancia natural, o con el permiso de maternidad, o con su ampliación por lactancia, la empleada pública tendrá derecho a disfrutar las vacaciones en fecha distinta, aunque haya terminado el año natural al que correspondan.

25. A la vista de la evolución e impacto de las políticas de igualdad en el mercado laboral, el Consejo de Ministros determinará los contratos de la Administración General del Estado y de sus organismos públicos que obligatoriamente deberán incluir entre sus condiciones de ejecución medidas tendentes a promover la igualdad efectiva entre mujeres y hombres en el mercado de trabajo:

a) Mensualmente.
b) Trimestralmente.
c) Semestralmente.
d) Anualmente.

26. Según el artículo 60.2 de la LO 3/2007, con el fin de facilitar la promoción profesional de las empleadas públicas y su acceso a puestos directivos en la Administración General del Estado y en los organismos públicos vinculados o dependientes de ella, en las convocatorias de los correspondientes cursos de formación se reservará para su adjudicación a aquéllas que reúnan los requisitos establecidos, al menos:

a) Un 40% de las plazas.
b) Un 50% de las plazas.
c) Un 60% de las plazas.
d) Un 75% de las plazas.

27. En las convocatorias de los correspondientes cursos de formación se reservará, para su adjudicación a aquellas empleadas públicas que reúnan los requisitos establecidos, con el fin de facilitar la promoción profesional y su acceso a puestos directivos en la Administración General del Estado y en los organismos públicos vinculados o dependientes de ella, un porcentaje:

a) De al menos un 40%.
b) De al menos un 50%.
c) De al menos un 60%.
d) De al menos un 65%.

28. Con el objeto de actualizar los conocimientos de los empleados y empleadas públicas, aquellos que se hayan incorporado al servicio activo procedentes del permiso de maternidad o paternidad, o hayan reingresado desde la situación de excedencia por razones de guarda legal y atención a personas mayores dependientes o personas con discapacidad tendrán preferencia en la adjudicación de plazas para participar en los cursos de formación durante:

a) 6 meses.
b) 1 año.

c) 18 meses.
d) 2 años.

29. Conforme al artículo 64 de la LO, el Gobierno deberá aprobar un Plan para la Igualdad entre mujeres y hombres en la Administración General del Estado:

a) Periódicamente.
b) Anualmente.
c) Al inicio de cada legislatura.
d) Cada cuatro años.

30. Según el artículo 67 de la LO 3/2007, las normas reguladoras de las Fuerzas y Cuerpos de Seguridad del Estado promoverán la igualdad efectiva entre mujeres y hombres, impidiendo cualquier situación de discriminación profesional, especialmente, en el sistema de acceso, formación, ascensos, destinos y:

a) Jornada de trabajo.
b) Retribuciones.
c) Vacaciones.
d) Situaciones administrativas.

Solución al test n.º 4

1. c) La Ley orgánica 3/2007, de 22 de marzo.

2. c) Título V.

3. b) Igualdad de trato y de oportunidades entre mujeres y hombres.

4. a) A toda persona, física o jurídica, que se encuentre o actúe en territorio español, cualquiera que fuese su nacionalidad, domicilio o residencia.

5. c) Es un principio informador del ordenamiento jurídico.

6. a) Discriminación directa.

7. d) Cualquier comportamiento, verbal o físico, de naturaleza sexual que tenga el propósito o produzca el efecto de atentar contra la dignidad de una persona, en particular cuando se crea un entorno intimidatorio, degradante u ofensivo.

8. c) Discriminación directa por razón de sexo.

9. c) Acoso por razón de sexo.

10. d) Disuasorio.

11. b) Nulos y sin efecto.

12. d) Proporcionadas.

13. b) Incluso tras la terminación de la relación en la que supuestamente se ha producido la discriminación.

14. b) Sobre acoso sexual y acoso por razón de sexo.

15. b) Transversal.

16. b) A las Cortes Generales.

17. d) Un informe sobre su impacto por razón de género.

18. d) Planes Municipales de organización del tiempo de la ciudad.

19. b) Salvo por razones fundadas y objetivas, debidamente motivadas.

20. c) No superen el 60 % ni sean menos del 40 %.

21. b) En las bases de los concursos para la provisión de puestos de trabajo se computará, a los efectos de valoración del trabajo desarrollado y de los correspondientes méritos, el tiempo que las personas candidatas hayan permanecido en excedencia, reducción de jornada o permisos relacionados con la maternidad.

22. c) Acompañarse de un informe de impacto de género, salvo en casos de urgencia.

23. a) Cuando las condiciones del puesto de trabajo de una funcionaria incluida en el ámbito de aplicación del mutualismo administrativo pudieran influir negativamente en la salud de la mujer, del hijo e hija, podrá concederse licencia por riesgo durante el embarazo, en los mismos términos y condiciones previstas en la normativa aplicable. En estos casos, se garantizará la plenitud de los derechos económicos de la funcionaria durante toda la duración de la licencia, de acuerdo con lo establecido en la legislación específica.

24. d) Cuando el periodo de vacaciones coincida con una incapacidad temporal derivada del embarazo, parto o lactancia natural, o con el permiso de maternidad, o con su ampliación por lactancia, la empleada pública tendrá derecho a disfrutar las vacaciones en fecha distinta, aunque haya terminado el año natural al que correspondan.

25. d) Anualmente.

26. a) Un 40% de las plazas.

27. a) De al menos un 40%.

28. b) 1 año.

29. c) Al inicio de cada legislatura.

30. d) Situaciones administrativas.

Materia Específica

TEST N.º 1

Organización y control del servicio de limpieza. Equipos de trabajo y funciones del personal de limpieza

1. Señala cuál de las siguientes no es una norma general de limpieza:

a) Los detergentes o desinfectantes utilizados, se adecuaran siempre al objeto especifico de las tareas a realizar, y se ajustaran siempre a la norma establecida en función del objeto para lo que están destinados.

b) El carro siempre estará a la vista del trabajador, dependiendo siempre de este su custodia.

c) Primero se barrerá y posteriormente se utilizará el cepillo cubierto con paño para quitar el polvo antes de fregar.

d) Se emplearan materiales diferentes según sea el local a limpiar.

2. Las bayetas serán de distinto color según su utilización. Según el código utilizado por la OMS, ¿qué color corresponde a los aseos y baños?

a) Verde.
b) Azul.
c) Negro.
d) Rojo.

3. Las bayetas serán de distinto color según su utilización. Según el código utilizado por la OMS, ¿qué color corresponde a las cocinas, comedores y áreas donde se manipulen alimentos?

a) Verde.
b) Azul.
c) Negro.
d) Rojo.

4. ¿Cuánto tiempo puede permanecer en el aire el llamado micropolvo, sometido a una ligera corriente, ya que no se deposita en ningún sitio?

a) Hasta siete horas.
b) Hasta seis horas.

c) Hasta tres horas.
d) Hasta dos horas.

5. El origen del polvo puede ser:

a) Mineral.
b) Vegetal.
c) Químico.
d) Todas las respuestas son correctas.

6. ¿Cuál de los siguientes no es un equipo de protección individual?

a) Carcasa de protección de motores o piezas en continuo movimiento.
b) Cascos y tapones para los oídos.
c) Cremas barrera.
d) Equipos anticaídas.

7. ¿Cómo podemos eliminar la suciedad grasa, que es aquella provocada por aceites, grasas, etc.?

a) Mediante sustancias químicas (detergentes alcalinos) o mecánicamente con el empleo de fregadoras y detergentes solventes.
b) Mediante un fregado con mopa y detergente ligeramente alcalino.
c) Mediante un barrido húmedo y la aspiración con filtro absoluto.
d) Mediante un fregado con mopa y detergente neutro.

8. ¿Cómo se denomina la serie de procedimientos o actuaciones dirigidas a impedir la llegada de los microorganismos patógenos a un medio aséptico (libre de microorganismos patógenos)?

a) Antisepsia.
b) Esterilización.
c) Asepsia.
d) Desinfección.

9. La capacidad de romper una suciedad compacta y reducirla a finas partículas, se denomina:

a) Dispersión.
b) Poder humectante.
c) Asepsia.
d) Suspensión.

10. ¿Qué nombre reciben los complementarios de un detergente o de un limpiador, que aportan propiedades particulares a las de los componentes fundamentales en la acción específica de la limpieza?

a) Aditivos.
b) Cargas.
c) Reforzantes.
d) Coadyuvantes.

11. ¿Cómo se denomina la superficie o lugar donde se eliminan fluidos corporales, que sirve de depósito y lugar para lavar y descontaminar elementos utilizados con los pacientes?

a) Área aséptica.
b) Área negra.
c) Área sucia.
d) Área de infección.

12. ¿Qué Real Decreto establece las disposiciones mínimas de seguridad y salud relativas a la utilización por los trabajadores de equipos de protección individual?

a) El Real Decreto 134/1990, de 1 de junio.
b) El Real Decreto 773/1997, de 30 de mayo.
c) El Real Decreto 223/1995, de 23 de abril.
d) El Real Decreto 856/1999, de 12 de mayo.

13. ¿Qué porcentaje del polvo está producido por las chimeneas de fábricas?

a) El 60 %.
b) El 50 %.
c) El 30 %.
d) El 20 %.

14. El tiempo que un EPI debe ser utilizado se determinará en función de:

a) Las condiciones del puesto de trabajo.
b) El tiempo o frecuencia de exposición al riesgo.
c) La gravedad del riesgo.
d) Todas las respuestas son correctas.

15. ¿Qué nombre reciben los agentes que causan la infección en los tejidos vivos?

a) Bacterias.
b) Patógenos.
c) Virus.
d) Gérmenes.

16. ¿Cómo se denomina la superficie o lugar donde se trabaja con elementos limpios o estériles?

a) Área verde.
b) Área limpia.
c) Área libre de infección.
d) Área azul.

17. Las infecciones se clasifican según su origen en:

a) Comunitarias o extrahospitalarias y nosocomiales o intrahospitalarias.
b) Internas y externas.
c) Urbanas y extraurbanas.
d) Sanitarias y no sanitarias.

18. Las infecciones se clasifican según su causa en:

a) Víricas y no víricas.
b) Inmunológicas y no inmunológicas.
c) Infecciosas y no infecciosas.
d) Bacterianas y no bacterianas.

19. ¿Cómo se llama la capacidad de emulsionar la suciedad para que no se vuelva a formar adhiriéndose de nuevo a la superficie a limpiar?

a) Dispersión.
b) Poder humectante.
c) Suspensión.
d) Asepsia.

20. ¿Cómo se denomina el proceso capaz de eliminar prácticamente todos los microorganismos patógenos conocidos, pero no todas las formas de vida bacterianas (endosporas), sobre objetos inanimados?

a) Desinfección.
b) Antisepsia.
c) Esterilización.
d) Detergencia.

21. ¿Cómo se llaman los componentes complementarios que mejoran ciertas propiedades características de los componentes fundamentales?

a) Coadyuvantes.
b) Reforzantes.
c) Aditivos.
d) Cargas.

22. Señala la respuesta incorrecta:

a) La desinfección de las superficies es la eliminación de los microorganismos patógenos, o su reducción hasta niveles que no conlleven riesgo para la salud.

b) Las paredes se limpiarán desde arriba hacia abajo, para eliminar por arrastre la suciedad y los microorganismos que pudiera haber.

c) La limpieza de las paredes se hará de forma horizontal, empezando por la parte más alta y luego descendiendo.

d) La limpieza de paredes y techos se realizará periódicamente y se utilizará detergente desengrasante.

23. La sustancia química de aplicación tópica sobre los tejidos vivos (piel intacta, mucosas, heridas, etc.), que destruye o inhibe los microorganismos sin afectar sensiblemente a los tejidos sobre los que se aplica, se denomina:

a) Detergente.
b) Antiséptico.
c) Esterilizador.
d) Desinfectante.

24. Los objetos inanimados que contienen partículas contaminadas y que se sitúan en el entorno del paciente, se denominan:

a) Bacterias.
b) Fómites.
c) Agentes patógenos.
d) Virus.

25. ¿Qué haremos para eliminar la suciedad no grasa, es decir, la que se adhiere tanto a las superficies horizontales como verticales y contiene poca o ninguna materia grasa?

a) Un barrido húmedo y la aspiración con filtro absoluto.
b) Un fregado con mopa y detergente neutro.
c) Un fregado con mopa y detergente neutro o ligeramente alcalino.
d) Utilizar sustancias químicas (detergentes alcalinos) o mecánicamente con el empleo de fregadoras y detergentes solventes.

26. Las bayetas serán de distinto color según su utilización. Según el código utilizado por la OMS, ¿qué color corresponde a las áreas generales?

a) Verde.
b) Azul.
c) Amarillo.
d) Rojo.

27. Señala la respuesta incorrecta:

a) El personal de limpieza realizara su trabajo con guantes de protección, que pueden ser material fungible, o se pueden limpiar dependiendo del material.

b) Colocaremos en el carro antes de empezar la tarea, todo el material que necesitemos, incluidas las bolsas de basura.

c) El agua no se utiliza sola.

d) La limpieza la realizaremos siempre de las zonas más sucias a las más limpias.

28. Los cuartos de almacenamiento se mantendrán siempre limpios y al menos se efectuará su limpieza:

a) Una vez al mes.

b) Semanalmente.

c) Cada dos o tres días.

d) Una vez por turno.

29. Señala la respuesta incorrecta respecto a la limpieza:

a) Las bolsas de basura se cerraran previamente antes de ser retiradas.

b) Las soluciones se preparan con suficiente antelación a su utilización, para que sean estables y evitar alteraciones.

c) Cuando se deba cambiar de tarea o se tenga tiempo de descanso, el carro se llevara al almacén, nunca se dejara sin custodia.

d) Después de utilizar el material se llevara a cabo el proceso necesario que lleve a cabo la desinfección del mismo.

30. ¿Qué porcentaje del polvo está producido por los automóviles?

a) El 60 %.

b) El 50 %.

c) El 30 %.

d) El 20 %.

31. Las manos deberán lavarse:

a) Antes de utilizar el W.C.

b) Antes de cambiarse de ropa y de empezar a trabajar.

c) Antes y después de comer.

d) Al finalizar la jornada.

32. Indica uno de los objetivos que debe perseguir la limpieza:

a) Respetar la estética.

b) Contribuir a la seguridad, evitando los accidentes y la transmisión de enfermedades.

c) Mantener las condiciones higiénicas en los centros de trabajo.
d) Todas las respuestas son correctas.

33. Señala cuál de las siguientes no es una de las características de las superficies ideales para su buena limpieza:

a) Han de ser porosas.
b) Deben ser lavables.
c) Han de ser resistentes.
d) Han de ser lisas.

34. Para llegar a la limpieza perfecta y de forma eficaz debemos tener en cuenta los 4 elementos que se combinan entre sí y que conforman el Círculo de:

a) Holter.
b) Mersson.
c) Sroeder.
d) Sinner.

35. ¿Cómo se denomina al conjunto de acciones emprendidas con el fin de eliminar los microorganismos patógenos presentes en un medio, o inhibir su proliferación?

a) Desinfección.
b) Antisepsia.
c) Esterilización.
d) Asepsia.

36. ¿Qué nombre reciben los productos utilizados para lograr el tipo de presentación y concentración deseadas de un detergente o un limpiador?

a) Cargas.
b) Coadyuvantes.
c) Aditivos.
d) Reforzantes.

37. Señala la respuesta incorrecta:

a) La infección es la invasión y multiplicación de microorganismos en los tejidos vivos.
b) La flora residente es la colonización normal de microorganismos que viven en la superficie corporal (piel), así como en las cavidades y órganos huecos y es fácil de eliminar.
c) La flora transitoria son los microorganismos que se adquieren durante las actividades normales de la vida cotidiana.
d) El poder humectante técnicamente es la capacidad de romper la tensión superficial del agua para que reduzca la tensión de contacto y penetre mejor.

38. ¿Con qué frecuencia se realizará la limpieza de cubos de basura y sus correspondientes carros de transporte?

a) Diariamente.
b) Cada dos días.
c) Semanalmente.
d) Mensualmente.

39. Señala la respuesta incorrecta respecto a la vestimenta y aseo personal del personal de limpieza:

a) El uniforme deberá estar siempre limpio, planchado y sin roturas.
b) El aseo personal diario será condición indispensable para la continuidad en el puesto de trabajo.
c) El pelo deberá llevarse limpio, y si se tiene largo, se llevará suelto.
d) El personal de limpieza deberá ajustarse a la Normativa de uniformidad que designe la Empresa para la que trabaja.

40. ¿Qué nombre reciben los componentes complementarios de un detergente o de un limpiador que aportan propiedades adicionales a la acción específica de la limpieza?

a) Reforzantes.
b) Cargas.
c) Coadyuvantes.
d) Aditivos.

41. La transmisión de microorganismos patógenos de paciente a paciente o de objetos contaminados a pacientes con la participación de los miembros del equipo de salud, se denomina:

a) Transmisión doble.
b) Transmisión cruzada.
c) Transmisión mixta.
d) Transmisión dúplex.

42. Señala una de las ventajas del sistema de limpieza por tareas:

a) Eliminación de contactos entre el personal durante las horas de trabajo.
b) Posibilidad de controlar y confrontar en cualquier momento el rendimiento y el resultado obtenido.
c) La adquisición de máquinas, equipos y materiales se limitará al mínimo indispensable.
d) Posibilidad de señalar inmediatamente y con seguridad la causa de un resultado negativo.

43. Señala cuál de las siguientes es una mancha especial, entendiendo por tales aquellas producidas por elementos o sustancias que requieren productos también especiales para su eliminación:

a) Las manchas de pintura.
b) El cemento.
c) Las manchas negras producidas por la anilina.
d) Todas las respuestas son correctas.

44. ¿Cómo se define el proceso mediante el cual se destruyen todos los microorganismos viables presentes en un objeto o superficie incluidas las esporas bacterianas?

a) Desinfección.
b) Antisepsia.
c) Esterilización.
d) Asepsia.

45. Con carácter general, el polvo de origen químico está producido, en su mayoría por:

a) Los automóviles.
b) Los humos de calefacción doméstica.
c) Las chimeneas de fábricas.
d) Los medios de transporte.

46. ¿Cuál es una diferencia fundamental entre un grupo de trabajo y un equipo de trabajo?

a) Los equipos de trabajo no requieren objetivos comunes.
b) En los equipos hay responsabilidad conjunta por los objetivos.
c) Los grupos siempre deben tener comunicación constante.
d) Los equipos no comparten habilidades complementarias.

47. ¿Cuál de las siguientes es una característica indispensable del trabajo en equipo efectivo?

a) La libertad total de cada miembro para asignarse tareas.
b) La ausencia de liderazgo definido.
c) Una comunicación constante y efectiva.
d) La autonomía individual sin coordinación.

48. ¿Qué habilidad permite al líder construir un entorno de confianza y comprensión?

a) Autoridad.
b) Empatía.

c) Competitividad.
d) Disciplina.

49. ¿Cuál de estas habilidades está relacionada con comprender el mensaje completo que comunica otra persona, más allá de sus palabras?

a) Comunicación escrita.
b) Escucha activa.
c) Enfoque a resultados.
d) Liderazgo.

50. ¿Qué impacto tiene la escucha activa en el clima laboral?

a) Aumenta la rotación de personal.
b) Reduce la productividad.
c) Mejora el compromiso y fidelidad hacia la organización.
d) Dificulta la comunicación efectiva.

51. ¿Qué habilidad contribuye a identificar tareas delegables y establecer prioridades?

a) Flexibilidad.
b) Capacidad organizativa.
c) Motivación.
d) Comunicación verbal.

52. ¿Qué principio del pensamiento sistémico se refiere a que un equipo es más que la suma de sus miembros?

a) La comunicación constante.
b) Todo sistema es más que la suma de sus partes.
c) Todo sistema permanece sin cambios.
d) La eficiencia se logra de forma individual.

53. ¿Cuál es una desventaja del trabajo en equipo según el documento?

a) Mayor aislamiento.
b) Exceso de profesionalismo.
c) Las decisiones pueden demorarse por diferencias de opinión.
d) Falta de objetivos comunes.

54. ¿Qué rol de Belbin es responsable de transformar ideas en acciones prácticas?

a) Monitor evaluador.
b) Investigador de recursos.

c) Implementador.
d) Finalizador.

55. ¿Cuál de estos roles pertenece a los roles sociales según Belbin?

a) Cerebro.
b) Impulsor.
c) Coordinador.
d) Finalizador.

56. ¿Qué se recomienda hacer para evitar duplicidad de tareas en un equipo?

a) Cambiar frecuentemente de líder.
b) Definir claramente funciones y responsabilidades.
c) Evitar las reuniones de seguimiento.
d) Limitar la comunicación.

57. ¿Qué práctica puede mejorar el compromiso y la implicación del equipo?

a) Delegar sin explicar.
b) Aplicar jerarquías estrictas.
c) Implicar al equipo en la definición de objetivos.
d) Evitar comunicar cambios.

58. ¿Cuál es una función del Departamento de RR. HH. respecto al análisis del rendimiento?

a) Asignar todas las tareas al líder.
b) Realizar entrevistas clínicas.
c) Asegurar que se ejecute todo el proceso de evaluación.
d) Eludir las evaluaciones de desempeño.

59. ¿Qué debe hacer la empresa si detecta desmotivación en un empleado tras su evaluación?

a) Ignorar el problema.
b) Asignarle menos tareas.
c) Crear un itinerario para recuperar su interés.
d) Derivarlo a otro equipo automáticamente.

60. ¿Cuál es una ventaja clave del trabajo en equipo según el texto?

a) Limita la innovación.
b) Fomenta la competencia interna.
c) Mejora las relaciones interpersonales.
d) Reduce la motivación general.

Solución al test n.º 1

1. c) Primero se barrerá y posteriormente se utilizará el cepillo cubierto con paño para quitar el polvo antes de fregar.

2. d) Rojo.

3. a) Verde.

4. a) Hasta siete horas.

5. d) Todas las respuestas son correctas.

6. a) Carcasa de protección de motores o piezas en continuo movimiento.

7. a) Mediante sustancias químicas (detergentes alcalinos) o mecánicamente con el empleo de fregadoras y detergentes solventes.

8. c) Asepsia.

9. a) Dispersión.

10. d) Coadyuvantes.

11. c) Área sucia.

12. b) El Real Decreto 773/1997, de 30 de mayo.

13. d) El 20 %.

14. d) Todas las respuestas son correctas.

15. b) Patógenos.

16. b) Área limpia.

17. a) Comunitarias o extrahospitalarias y nosocomiales o intrahospitalarias.

18. d) Bacterianas y no bacterianas.

19. c) Suspensión.

20. a) Desinfección.

21. b) Reforzantes.

22. d) La limpieza de paredes y techos se realizará periódicamente y se utilizará detergente desengrasante.

23. b) Antiséptico.

24. b) Fómites.

25. c) Un fregado con mopa y detergente neutro o ligeramente alcalino.

26. b) Azul.

27. d) La limpieza la realizaremos siempre de las zonas más sucias a las más limpias.

28. d) Una vez por turno.

29. b) Las soluciones se preparan con suficiente antelación a su utilización, para que sean estables y evitar alteraciones.

30. d) El 20 %.

31. d) Al finalizar la jornada.

32. d) Todas las respuestas son correctas.

33. a) Han de ser porosas.

34. d) Sinner.

35. b) Antisepsia.

36. a) Cargas.

37. b) La flora residente es la colonización normal de microorganismos que viven en la superficie corporal (piel), así como en las cavidades y órganos huecos y es fácil de eliminar.

38. a) Diariamente.

39. c) El pelo deberá llevarse limpio, y si se tiene largo, se llevará suelto.

40. d) Aditivos.

41. b) Transmisión cruzada.

42. c) La adquisición de máquinas, equipos y materiales se limitará al mínimo indispensable.

43. d) Todas las respuestas son correctas.

44. c) Esterilización.

45. b) Los humos de calefacción doméstica.

46. b) En los equipos hay responsabilidad conjunta por los objetivos.

47. c) Una comunicación constante y efectiva.

48. b) Empatía.

49. b) Escucha activa.

50. c) Mejora el compromiso y fidelidad hacia la organización.

51. b) Capacidad organizativa.

52. b) Todo sistema es más que la suma de sus partes.

53. c) Las decisiones pueden demorarse por diferencias de opinión.

54. c) Implementador.

55. c) Coordinador.

56. b) Definir claramente funciones y responsabilidades.

57. c) Implicar al equipo en la definición de objetivos.

58. c) Asegurar que se ejecute todo el proceso de evaluación.

59. c) Crear un itinerario para recuperar su interés.

60. c) Mejora las relaciones interpersonales.

TEST N.º 2

Limpieza y desinfección de dependencias municipales: limpieza de cuartos de baño, áreas administrativas y suelos. Tareas a desarrollar. Útiles, productos y herramientas

1. El fregado de suelos de despachos se realiza:

a) Con fregona y un cubo.
b) Con carro mopa de doble cubo.
c) Con escoba.
d) Con fregadoras.

2. Las áreas administrativas en general disponen de:

a) Ordenadores.
b) Fotocopiadoras.
c) Fax.
d) Todas son correctas.

3. Para limpiar las pantallas de los ordenadores:

a) Deberán estar apagados y desconectados.
b) Deberán emplearse productos antiestáticos.
c) La humedad puede provocar problemas.
d) Todas son correctas.

4. La eliminación de polvo en mobiliario:

a) Se realizará empezando por los más altos y trabajando de arriba hacia abajo.
b) Se utilizará bayeta con producto capta-polvo.
c) No es importante el método de trabajo.
d) Son correctas la a) y la b).

5. Las sillas tapizadas:

a) Se deberán aspirar.
b) Se limpiarán con bayeta y producto capta-polvo.
c) Se quitarán las manchas con espuma seca.
d) Son correctas la a) y la c).

6. En la limpieza de equipos de oficina (ordenadores personales, fotocopiad ras, etc.), ¿debe limpiarse su interior por parte del personal de limpieza?

a) Sí, pero deben desconectarse de la red eléctrica primero.
b) No, ya que de esa tarea se ocupan los correspondientes profesionales.
c) Sí, pero no de forma diaria sino semestral.
d) No, salvo en el caso de los contenedores de tóner de las fotocopiadoras.

7. ¿Cómo debe limpiarse una carcasa de ordenador?

a) Con una esponja humedecida en alcohol.
b) Con bayeta de tela sin tejer impregnada de solución de detergente multiusos.
c) Con un trapo suave ligeramente humedecido en agua.
d) Con un trapo impregnado de un producto antigrasa.

8. Como se limpian los teléfonos:

a) Sólo con agua.
b) Con un paño humedecido en solución de detergente neutro.
c) Cuando esté muy sucio, con un cepillo muy suave, impregnado de petróleo.
d) Con paño seco y quitapolvo.

9. ¿Cada cuánto tiempo se limpia la zona de micrófono de los teléfonos, si se considera necesario por razones higiénicas?

a) Diariamente.
b) Cada dos días.
c) Semanalmente.
d) Mensualmente.

10. Las sillas de piel o cuero:

a) Se utilizará champú para su limpieza.
b) El polvo se eliminará con bayeta y producto capta-polvo.
c) De vez en cuando se deberá nutrir con crema incolora.
d) Son correctas la b) y la c).

11. Las sillas tapizadas:

a) Se deberán aspirar.
b) Se limpiaran con bayeta y producto capta-polvo.

c) Se quitarán las manchas con espuma seca.
d) Son correctas la a) y la c).

12. La limpieza de las sillas tapizadas se realizará:

a) Diariamente.
b) Cada tres días.
c) Semanalmente.
d) Quincenalmente.

13. ¿Cómo se limpiarán los archivos de oficina?

a) Se limpiarán como el mobiliario lavable.
b) Se limpiarán como el mobiliario no lavable.
c) Se limpiarán diariamente.
d) Todas son correctas.

14. Las ranuras del teclado se limpian:

a) Con papel de celulosa.
b) Con una bayeta humedecida en alcohol.
c) Con una esponja impregnada en una solución de agua con alcohol.
d) Se realizará sacudiendo suavemente los teclados.

15. La limpieza diaria del fax se realiza con:

a) Un paño empapado en agua.
b) Con una bayeta de tela sin tejer humedecida en solución de detergente neutro.
c) Una bayeta mojada en agua con detergente.
d) Todas las respuestas anteriores son correctas.

16. Un limpiador de oficinas necesitará, generalmente, tres bayetas, para:

a) Muebles lavables, muebles no lavables y tapicerías.
b) Cristales, madera y otros materiales.
c) Muebles lavables, muebles no lavables y otros elementos (por ejemplo, ceniceros).
d) La primera para mojar, la segunda para secar y la tercera para abrillantar.

17. El mop-sec que se usa para barrer entre muebles debe tener un ancho de:

a) 30 cm.
b) 1 m.
c) 75 cm.
d) 45 cm.

18. El cristal de la fotocopiadora debe ser limpiado con:

a) Limpiacristales.
b) Agua.

c) Alcohol y detergente.
d) Ninguna de las respuestas anteriores es correcta.

19. La limpieza exterior de una fotocopiadora se realiza con:

a) Un plumero.
b) Una esponja impregnada en detergente.
c) Una bayeta húmeda.
d) Un paño seco.

20. Los equipos informáticos deben limpiarse con:

a) Agua.
b) Productos antiestáticos.
c) Lejía.
d) Todas las respuestas anteriores son correctas.

21. La limpieza del interior de la máquina fotocopiadora:

a) Consistirá en retirar el polvo y quitarle cualquier resto de suciedad utilizando una bayeta húmeda.
b) Se realizará limpiando con un paño o bayeta secos.
c) Se utilizarán cepillos especialmente diseñados para ello y un producto capta-polvo.
d) Ninguna es correcta: esta limpieza será realizada por los profesionales del área.

22. Los ordenadores suelen atraer el polvo porque:

a) Suelen cargarse de energía estática.
b) Están fabricados de materiales que atraen el polvo.
c) Tienen imanes interiores, que atraen el polvo que tenga contenido mineral.
d) Ninguna es correcta: los ordenadores no atraen el polvo más que otros elementos de la oficina.

23. En una institución docente debemos tener en cuenta, a la hora de realizar su limpieza una serie de recomendaciones básicas de obligada observación: señale la incorrecta:

a) Vaciar las papeleras.
b) Eliminar el polvo de las zonas altas por encima de los hombros.
c) Prestar especial atención a aquellos elementos que se toquen con las manos: teléfonos, ordenadores, pomos de puertas, etc.
d) Eliminar el polvo del suelo con una mopa en suelos lisos.

24. En una institución docente antes de utilizar productos o líquidos para proceder a la limpieza, se recomienda:

a) Solo barrer los suelos de todo el colegio así como de sus accesos.
b) Solo pasar la mopa por los suelos de todo el colegio así como de sus accesos.

c) Pasar la mopa húmeda por los suelos de todo el colegio así como de sus accesos.
d) Barrer o pasar la mopa por los suelos de todo el colegio así como de sus accesos.

25. En una institución docente qué tipo de textil utilizaremos para limpiar las partículas y las superficies:

a) Utilizaremos trapos de acrílico.
b) Utilizaremos trapos de nailon.
c) Utilizaremos trapos de rayón.
d) Utilizaremos trapos de microfibras, en vez de tela.

26. Según la frecuencia en la limpieza podemos dividir las tareas higiénicas dependiendo de las necesidades en:

a) Primera limpieza: prepara las superficies después de su colocación, operación que facilitará su posterior mantenimiento.
b) Mantenimiento diario: técnicas rápidas para su aplicación día a día.
c) Limpieza periódica: operaciones que permitan tratar parcialmente aspectos puntuales a fin de obtener un nivel de limpieza compatible con las exigencias de los usuarios.
d) Todas las anteriores son correctas.

27. Entre las actividades a realizar según la frecuencia de limpieza semanal, no se encuentra:

a) Sacar telarañas y quitar polvo de las rejillas en el techo con plumero y mango, todo desde el suelo.
b) Mopear y fregar suelos duros.
c) Limpiar estanterías hasta una altura alcanzable desde el suelo. Usar desinfectante si procede.
d) Limpiar paredes hasta una altura alcanzable desde el suelo.

28. ¿Cuáles son los productos más adecuados para limpiar las pizarras?

a) Se deben utilizar productos abrasivos para limpiarlas.
b) Utilizar una bayeta humedecida en agua y un detergente neutro.
c) Usar desinfectantes y detergentes alcalinos.
d) Usar únicamente una bayeta seca.

29. ¿Cómo limpiaremos los azulejos del cuarto de baño?

a) Los azulejos, iremos de lo más limpio a lo más sucio.
b) En horizontal y de arriba abajo.
c) Se utilizará un detergente alcalino desengrasante y después se utilizará un detergente ácido débil para eliminar depósitos de sales, óxido y cal.
d) Todas las anteriores son correctas.

30. Entre las tareas de limpieza mensual no se encuentra:

a) Limpieza de zonas y dependencias de uso no diario, archivos, sótanos.
b) Quitar el polvo de todos los puntos de altura, que no se puede hacer normalmente en las tareas diarias, desde el suelo usando palos extensibles y plumero.
c) Limpieza a fondo de mobiliario con bayeta y desengrasante multiusos.
d) Limpieza de Cristales.

31. Cualquier proceso utilizado para eliminar o matar microorganismos. También se utiliza para referirse a la eliminación o neutralización de sustancias químicas peligrosas y materiales radioactivos. Es la definición de:

a) Biocida.
b) Descontaminación.
c) Desinfectante.
d) Esporicida.

32. ¿En qué consiste la limpieza de trazas?

a) Un arrastre mecánico de la suciedad con un cepillo, escobilla, esponja, agua y detergente y posterior enjuagado con agua y/o destilada.
b) En colocar el material en una solución de limpieza durante 20 o 30 min. Secar y aclarar con agua y/o destilada.
c) En utilizar ácidos o bases para la limpieza se usan lejías o disolventes orgánicos y a continuación, en una solución de HC1 1N y aclarado con agua destilada.
d) En desinfectar antes de proceder a la limpieza mediante inmersión en agua con lejía 20 – 30 min.

33. El ozono por su gran poder oxidante tiene, entre otras las siguientes propiedades:

a) Bactericida.
b) Esterilizante.
c) Fungicida.
d) Todas las anteriores son propiedades del ozono.

34. El ozono aplicado en el conducto de impulsión, a la salida de la máquina de climatización, asegura en todo momento y de manera continuada:

a) La desinfección de los conductos, atacando a la raíz del problema los microbios y la materia orgánica de que se alimentan.
b) La esterilización de los conductos, atacando a la raíz del problema los microbios y la materia orgánica de que se alimentan.
c) La antisepsia de los conductos, atacando a la raíz del problema los microbios y la materia orgánica de que se alimentan.
d) La limpieza de los conductos, atacando a la raíz del problema los microbios y la materia orgánica de que se alimentan.

35. La cristalización:

a) Es el tratamiento idóneo para piedras porosas y calcáreas.
b) Se aplica con fregona industrial.
c) Se aplica con máquina de chorro de arena.
d) Son correctas las respuestas a) y c).

36. ¿Con que tipo de mopa se aplicará las emulsiones?

a) La mopa deberá ser de algodón usado.
b) Con los flecos abiertos.
c) Con mopa de fibra metálica.
d) Las opciones a) y b) son correctas.

37. Las emulsiones:

a) Se deben aplicar en capas finas.
b) Hay que aplicar al menos dos capas.
c) Se puede pasar por ellas máquina de alta velocidad.
d) Todas son correctas.

38. Para cristalizar:

a) Utilizaremos productos que contengan fluosilicatos.
b) Sólo aplicaremos fluosilicatos con ceras.
c) Se cristaliza con decapantes.
d) Ninguna es correcta.

39. La primera capa de aplicación de emulsiones de suelos:

a) Se apartará medio palmo del zócalo.
b) Se apartará un palmo del zócalo.
c) Se apartará un palmo y medio del zócalo.
d) Cubrirá toda la superficie del suelo.

40. Los suelos de linóleo:

a) Son suelos duros.
b) Son suelos sensibles a los productos alcalinos.
c) Son suelos porosos.
d) Son correctas las respuestas b) y c).

41. El granito:

a) Es un suelo duro.
b) No es poroso.

c) No cristaliza.
d) Todas son correctas.

42. Los suelos de goma:

a) Se pueden tratar con emulsiones.
b) Son suelos blandos.
c) Su mejor mantenimiento es con máquinas de alta velocidad (método spray).
d) Todas son correctas.

43. La madera y el corcho:

a) Se deberán fregar a diario con agua y detergente neutro.
b) Lo que más les daña es el agua.
c) Se deberán cristalizar.
d) Son suelos no porosos.

44. Las alfombras y textiles:

a) Son suelos porosos en tres dimensiones.
b) Lo que más les daña es el polvo.
c) Se deben aspirar a diario.
d) Todas son correctas.

45. El sistema de limpieza de suelos que simplifica su mantenimiento y que es el más económico se denomina:

a) Abrillantado.
b) Spray.
c) Encerado.
d) Cristalizado.

46. ¿Que determina el grado de agresividad de un disco abrasivo?

a) Su color.
b) Su densidad.
c) Su tamaño.
d) Ninguna de las respuestas anteriores es correcta.

47. Los discos abrasivos tienen la misión de:

a) Extender el producto.
b) Ayudar a la acción química del producto mediante una acción mecánica.
c) Recuperar la suciedad disuelta y abrillantar.
d) Todas las respuestas son correctas.

48. Para la aplicación del Método Spray se debe utilizar:

a) Detergente.
b) Solvente.
c) Cera.
d) Todo ello, emulsionado con agua.

49. ¿Qué tratamiento será más recomendable dar en un suelo de mármol viejo, sin brillo y con arañazos?

a) Primero cristalizado y después encerado.
b) Primero encerado y después diamantado.
c) Primero diamantado y después cristalizado.
d) Primero diamantado y después acuchillado.

50. Señala uno de los inconvenientes que presenta el método de barrido en seco:

a) No permite desempolvar bien por debajo de los muebles y muchas veces fija el polvo y los residuos en los zócalos.
b) La forma en la que debe utilizarse la escoba convencional produce, con el tiempo, dolores de espalda.
c) Es un sistema lento y poco eficaz.
d) Todas las respuestas son correctas.

51. ¿Qué tipo de limpieza se empleará en áreas administrativas?

a) El fregado a máquina.
b) El fregado con un solo cubo solo.
c) El barrido húmedo.
d) El fregado con doble cubo.

52. Las manchas de óxido podrán eliminarse, limpiando bien la superficie con un paño humedecido con una solución de citrato sódico:

a) Al 30 %.
b) Al 20 %.
c) Al 15 %.
d) Al 10 %.

53. ¿A qué tipo de manchas se les debe aplicar una solución de alcohol, ácido acético blanco, glicerina, ácido sálico y éter?

a) A las manchas de cal del agua.
b) A las manchas de óxido.
c) A las manchas de tinta.
d) A las manchas de grasa.

54. ¿Qué tipo de manchas se eliminan con un detergente ácido o con un poco de vinagre?

a) Las manchas de cal del agua.
b) Las manchas de grasa.
c) Las manchas de tinta.
d) Las manchas de chicles.

55. ¿Qué tipo de manchas se eliminan con una solución de agua y un detergente ácido al 50 % o bien alcohol de 96º?

a) Las manchas de tinta.
b) Las manchas de chicles.
c) Las manchas de óxido.
d) Las manchas de grasa.

56. Señala la respuesta incorrecta respecto al aspirado:

a) Moveremos la boquilla de aspiración hacia adelante y hacia atrás mientras avanzamos en el aspirado.
b) Debemos poner a punto la aspiradora asegurándonos de que aspira correctamente y de que es la adecuada para el tipo de suciedad que debemos aspirar.
c) Aspiraremos en primer lugar las superficies que menos se ensucian y, posteriormente las que más se ensucian (y si es preciso dos o tres veces).
d) Comprobaremos que la bolsa está en buenas condiciones para que la boquilla de aspiración pueda succionar la suciedad correctamente.

57. Los disolventes orgánicos que utilicemos para combatir las manchas de grasa deberán:

a) Poder combinarse con gasolina, benceno o tetracloruro de carbono.
b) Tener una temperatura de inflamación por encima de 40 ºC.
c) Tener un umbral de toxicidad superior al del metilcloroformo 350 ppm.
d) Todas las respuestas son correctas.

58. ¿Qué tipo de suelos son una alfombra o una moqueta?

a) Suelos de cerámica.
b) Suelos textiles.
c) Suelos de linóleo.
d) Suelos termoplásticos.

59. ¿Cuál de los siguientes es un suelo duro?

a) Suelos de cerámica.
b) Suelos vinílicos.

c) Suelos de corcho.
d) Suelos de goma.

60. ¿Qué tipo detergente se emplea en el tratamiento de base con método spray de los suelos de PVC?

a) Alcalino.
b) Ácido.
c) Fuerte.
d) No se emplea detergente.

61. Para cristalizar:

a) Utilizaremos productos que contengan fluosilicatos.
b) Sólo aplicaremos fluosilicatos con ceras.
c) Se cristaliza con decapantes.
d) Ninguna es correcta.

62. ¿Qué tratamiento será más recomendable dar en un suelo de mármol viejo, sin brillo y con arañazos?

a) Primero cristalizado y después encerado.
b) Primero encerado y después diamantado.
c) Primero diamantado y después cristalizado.
d) Primero diamantado y después acuchillado.

63. ¿Qué tipos de suciedad es el cemento?

a) Grasa.
b) Mineral.
c) Procedente de partículas que se desprenden del cuerpo.
d) Óxido.

64. ¿Con qué producto se elimina la grasa?

a) No tiene importancia la acidez.
b) Ácido.
c) Alcalino.
d) Neutro o ligeramente alcalino.

65. ¿Con qué producto se elimina la suciedad mineral?

a) Ácido.
b) Básico.
c) Neutro.
d) Lejía.

66. ¿Qué operación es correcta en la limpieza de aseos?

a) Se deberá aplicar después de la limpieza, si es necesario, lejía en una concentración al 2 %.
b) Se deberá aplicar después de la limpieza, si es necesario, peróxido de hidrógeno en una concentración al 2 %.
c) a) Se deberá aplicar después de la limpieza, si es necesario, lejía en una concentración al 12 %.
d) Todas son correctas.

67. De los elementos del cuarto de baño, ¿cuál se limpiará en último lugar?

a) Lavabo.
b) Bidé.
c) Bañera.
d) Inodoro.

68. ¿Para qué sirve la escobilla?

a) Para barrer.
b) Para frotar por dentro el lavabo.
c) Para frotar por dentro el inodoro.
d) Para frotar por dentro y por fuera el inodoro.

69. ¿Qué producto se utilizará para fregar el suelo del baño?

a) Detergente ácido.
b) Jabón.
c) Abrillantador.
d) Detergente-desinfectante.

70. ¿Cuántas veces se limpian los aseos públicos?

a) Una.
b) Diaria.
c) Dos.
d) Cuantas sea necesario en función de la ocupación.

71. ¿Qué es lo primero que se limpia en el aseo?

a) Lavabo.
b) Bidé.
c) Bañera.
d) Inodoro.

72. ¿Qué tipos de aseos públicos podemos encontrar?

a) Para mujeres.
b) Para hombres.

c) Para personas con discapacidad.
d) Todas las respuestas son correctas.

73. ¿A qué altura estará el lavabo en un aseo para personas con discapacidad?

a) 50 cm.
b) 70 cm.
c) 90 cm.
d) 1 m.

74. ¿Cuál de estas características corresponde a un aseo de personas con discapacidad?

a) Lavabo a altura de 90 cm., sin pie ni mueble, que permita el acercamiento y uso con silla de ruedas.
b) Grifos de accionamiento por giro.
c) Barras de apoyo a altura adecuada ancladas firmemente junto al inodoro.
d) Papel higiénico y accesorios cercanos al suelo.

75. ¿Qué es correcto sobre la limpieza de urinarios?

a) Se realizará de la misma forma que la limpieza de inodoros.
b) Es conveniente que la solución permanezca en el interior del urinario durante unos minutos.
c) Para la suciedad mineral se utilizará detergente ácido y después se tirará de la cadena.
d) Todas las respuestas son correctas.

76. ¿Cómo se realizará la limpieza de cuartos de baños y aseos?

a) En húmedo.
b) Realizando limpieza y desinfección simultáneamente.
c) Se fregará el suelo con el sistema de doble cubo.
d) Todas las respuestas son correctas.

77. ¿Qué característica de las siguientes tendrá un buen desinfectante?

a) Altamente soluble.
b) De olor desagradable.
c) No inocuo para la colectividad.
d) Corrosivo.

78. La limpieza de servicios:

a) Debe ser meticulosa.
b) Requiere el uso de guantes.

c) No es importante.
d) Son correctas la a) y la b).

79. La suciedad grasa o materia orgánica:

a) Es la suciedad diaria.
b) Requiere el uso de solución de detergente neutro.
c) Es así como se llama al sarro y óxido.
d) Son correctas la a) y la b).

80. En limpieza de servicios hay que tener en cuenta:

a) Limpiar de lo menos sucio a lo más sucio para evitar contaminaciones.
b) Utilizar muchos productos.
c) Preocuparse únicamente del suelo.
d) Ninguna es correcta.

81. En los servicios se debe:

a) Reponer el papel higiénico, jabón, toallas,...
b) Vaciar papeleras.
c) Dejar correr el agua de los urinarios...
d) Todas son correctas.

82. El detergente ácido:

a) Se empleará para quitar la suciedad de diario.
b) Sólo sirve para eliminar el óxido, sarro, cal,...
c) Se utilizará después de haber limpiado.
d) Son correctas la b) y la c).

83. En la limpieza de los servicios debemos tener en cuenta que hay dos tipos de suciedades, que son:

a) La grasa y la inorgánica.
b) La grasa y la sólida.
c) La grasa y la mineral.
d) Ninguna de las opciones anteriores es correcta.

84. Señala la opción incorrecta con respecto a las características que ha de tener un buen desinfectante:

a) No será inflamable.
b) Será estable en su almacenamiento.
c) De acción eficaz y rápida a temperatura ambiente.
d) Debe ser sensible a las variaciones de pH.

85. Es una característica de la fliselina:

a) Alta flamabilidad.
b) Poca resistencia a la abrasión.
c) Genera pelusas e hilachas libres en condiciones normales de uso.
d) Resistente al calor.

86. En el barrido manual, una vez amontonados los residuos, se retiran y depositan en los contenedores del carrito con:

a) El escobillo y el recogedor.
b) La espátula y la pala.
c) Las tablillas y la sopladora.
d) La escoba y las pinzas.

87. Las tablillas son un utensilio utilizado en algunos lugares, para el barrido manual, para:

a) Desincrustar chicles de las aceras.
b) Arrastrar, amontonar y recoger residuos en pequeños espacios.
c) Cepillar amplias áreas de acerado.
d) Trasladar residuos de la bolsa del carrito al contenedor.

88. Un cepillo pequeño que se utiliza para empujar hacia la pala o el recogedor los residuos amontonados previamente, es:

a) El cepillo de púas.
b) El rastrillo.
c) La tablilla.
d) El escobijo o escobillo.

89. Una de las siguientes no es una característica del carrito que lleva el operario/a de limpieza del barrido manual, ¿cuál?

a) Ser maniobrable, ligero y cómodo.
b) Contar con un espacio destinado a los útiles de limpieza y otro para uno o dos cubos de plástico.
c) Tienen, por lo habitual, dos ruedas.
d) Los actuales tienen un gran tamaño para evitar desplazamientos a los puntos de vertido.

90. Para retirar la hierba o maleza existente en el acerado, el operario/a de limpieza del barrido manual utiliza:

a) Escoba y rascador.
b) Azada y rastrillo.

c) Espátula y pala.
d) Escobijo y palustre curvo.

91. El instrumento dotado de cuchillas y un mango largo, utilizado por el operario/a de limpieza del barrido manual para desincrustar sustancias pegadas al pavimento, es:

a) El rascador.
b) El cepillo de púas.
c) El rastrillo.
d) El escobijo.

92. La herramienta utilizada como alternativa a la escoba, para el arrastre de residuos en el pavimento, con mayor capacidad aún de arrastre es:

a) La pala.
b) El escobillo.
c) El cepillo.
d) Las tablillas.

93. Las mangueras más recomendables en el servicio de baldeo manual han de tener una longitud de unos:

a) 10 metros.
b) 25 metros.
c) 50 metros.
d) 100 metros.

94. El aparato eléctrico que frota un disco en el suelo para succionar la suciedad de la superficie, se denomina:

a) Pulidora.
b) Monocepillo.
c) Aspirador mixto.
d) Vaporosa.

95. ¿Para qué uso está diseñada la fregadora automática?

a) Espacios reducidos.
b) Exteriores.
c) Pasillos.
d) Habitaciones.

96. ¿Cómo serán los dos cubos del carro para sistema de doble cubo?

a) Del mismo color.
b) De entre 3-5 litros.

c) De distinto color.
d) De distinta forma.

97. El material de limpieza se limpiará con:

a) Agua más detergente ácido más bayeta y estropajo si fuera preciso.
b) Agua más detergente alcalino más paño y estropajo si fuera preciso.
c) Agua más detergente neutro más bayeta y estropajo si fuera preciso.
d) Agua más detergente básico más estropajo y desinfectante si fuera preciso.

98. Los cubos de basura se limpiarán:

a) Antes y después de la jornada laboral.
b) Tres veces al día.
c) Cada día.
d) Cada semana, o cuando sea necesario.

99. El carro de transporte del cubo de basura debe limpiarse cada:

a) Trimestre.
b) Mes.
c) Semana.
d) Día.

100. ¿Qué afirmación es incorrecta en relación con la conservación del material de limpieza?

a) Una vez realizada la limpieza del mobiliario se limpiará el material utilizado en limpieza de mobiliario.
b) Una vez limpio el material de limpieza, que antes se empleó en la limpieza del mobiliario, se dejará en situación de secado.
c) Para aprovechar los útiles de limpieza y alargar su vida, se empleará el material estropeado y sucio para realizar la limpieza diaria.
d) Tras finalizar el trabajo de limpieza se cerrarán puertas y ventanas.

101. ¿Cuándo se someterán todos los utensilios utilizados a una correcta limpieza, de forma tal que nos permita disponer de los mismos en perfecto estado al comienzo de la jornada siguiente?

a) En el mismo inicio de la jornada siguiente.
b) En el inicio de la jornada anterior.
c) Finalizada la jornada de trabajo.
d) No existe un protocolo claro de cuándo efectuarlo.

102. ¿Quién designa corrientemente la normativa de uniformidad del trabajador de limpieza?

a) Deberá ajustarse a la que designe el Comité de empresa.
b) Deberá ajustarse a la que designe el sindicato mayoritario elegido por los trabajadores de la empresa.
c) Deberá ajustarse a la que designe la empresa para la que trabaja.
d) Deberá ajustarse a la que designe la Administración Local (Ayuntamiento).

103. ¿Cómo deberá estar siempre el uniforme del trabajador de limpieza?

a) Limpio, con arrugas en ocasiones (durante la jornada) y sin roturas.
b) Limpio y planchado.
c) Limpio y sin roturas.
d) Limpio, planchado y sin roturas.

104. Todo lo que se dice de la vestimenta y aseo personal de los trabajadores de limpieza es cierto, excepto:

a) El aspecto del personal de limpieza será garantía de prestigio para la empresa para quien se trabaja.
b) El pelo deberá llevarse limpio.
c) El pelo del trabajador, cuando lo tiene excesivamente largo, no es necesario que se recoja, debido al respeto a la intimidad del mismo.
d) El uniforme del trabajador de limpieza deberá estar siempre planchado, limpio y sin roturas.

105. El calzado empleado en limpieza deberá ser:

a) El calzado será el mismo para todas las tareas.
b) No importa el tipo de calzado que lleve el trabajador de limpieza.
c) El calzado empleado en el fregado o/y riego o baldeo de suelos debe ser el mismo que el del barrido en seco.
d) El calzado deberá ser el apropiado para la tarea que se tenga que realizar.

106. El aseo personal del trabajador debe ser:

a) Diario.
b) Cada dos días.
c) Cada tres días.
d) Hasta cada semana, si sigue limpio.

107. ¿Hasta qué punto puede ser importante el aseo personal del trabajador de la empresa de limpieza para el propio operario?

a) Necesario para realizar su tarea diaria.
b) Necesario por estética de la empresa.

c) Será condición indispensable para la continuidad en el puesto de trabajo.
d) Necesario para poder cobrar semanalmente.

108. ¿Qué zona del cuerpo de trabajador requiere una especial atención en su aseo, mediante lavado, ya que puede ser un vehículo de contaminación de microorganismos?

a) Pies.
b) Manos.
c) Cara.
d) Tronco.

109. ¿Cuándo no deben lavarse las manos?

a) Después de manipular material sucio (basuras).
b) Después de cambiarse de ropa y antes de empezar a trabajar.
c) Comiendo, ya que se han lavado antes de comer.
d) Después de utilizar el WC.

110. Las manos deben lavarse en la jornada laboral:

a) Antes de empezar a trabajar.
b) Al finalizar la jornada.
c) Siempre que lo creamos necesario.
d) En todas las ocasiones anteriores.

111. Además de lavarnos las manos, para protegernos en el trabajo de limpieza de las contaminaciones involuntarias emplearemos:

a) Cuidados en no tocar lo que no debemos.
b) Especie de ungüentos que impiden que nos contaminemos.
c) Guantes.
d) Todo lo anterior es cierto.

112. Los paños son clasificados por colores en función de donde vayan a ser utilizados. ¿De qué color ha de ser el paño que se utilice únicamente para limpiar los sanitarios que no sea retrete?

a) Azul.
b) Rojo.
c) Amarillo.
d) Verde.

113. ¿Cómo se denomina el cepillo pequeño que se utiliza para empujar hacia la pala o el recogedor los residuos amontonados previamente?

a) Escoba.
b) Escobillo o escobijo.

c) Mopa.
d) Cepillo.

114. ¿Cuál de las siguientes palas utilizaría para la limpieza de los sumideros?

a) La pala cuadrada pequeña.
b) La pala cuadrada de recogida o de carbonero.
c) La pala rectangular con los rebordes laterales altos.
d) La pala redonda de arenero.

115. ¿De qué materiales puede ser el capazo?

a) De goma.
b) De esparto.
c) De plástico.
d) Todas las respuestas son correctas.

116. ¿Cuál de los siguientes instrumentos utilizaría para desincrustar sustancias pegadas al pavimento, como los chicles, caramelos, cera o resina?

a) El rascador.
b) Una pala.
c) El rastrillo.
d) La azada.

117. Señala cuál de las siguientes no es una de las características que han de tener las mangueras utilizadas en el baldeo manual:

a) Alta resistencia al corte.
b) Gran diámetro, para un abundante riego.
c) Acoplamiento rápido y estandarizado a la red pública de riego.
d) Flexibles y manejables.

118. ¿Con qué nombre se conoce también a las pinzas recoge objetos?

a) Stikers.
b) Snacks.
c) Flexers.
d) Altunas.

119. El carro de limpieza para el sistema de doble cubo o rasante dispondrá de una bandeja para material de cuartos de baño y otra para material de limpieza de mobiliario, con una profundidad mínima de:

a) 10 centímetros.
b) 15 centímetros.

c) 20 centímetros.
d) 30 centímetros.

120. El carro de limpieza para el sistema de doble cubo o rasante dispondrá de dos cubos pequeños para la limpieza de superficies diferentes al suelo, y para limpiar los paños después de cada habitación, de color:

a) Azul y rojo.
b) Blanco y negro.
c) Azul y verde.
d) Amarillo y rojo.

Solución al test n.º 2

1. b) Con carro mopa de doble cubo.

2. d) Todas son correctas.

3. d) Todas son correctas.

4. d) Son correctas la a) y la b).

5. d) Son correctas la a) y la c).

6. b) No, ya que de esa tarea se ocupan los correspondientes profesionales.

7. b) Con bayeta de tela sin tejer impregnada de solución de detergente multiusos.

8. b) Con un paño humedecido en solución de detergente neutro.

9. c) Semanalmente.

10. d) Son correctas la b) y la c).

11. d) Son correctas la a) y la c).

12. d) Quincenalmente.

13. a) Se limpiarán como el mobiliario lavable.

14. d) Se realizará sacudiendo suavemente los teclados.

15. b) Con una bayeta de tela sin tejer humedecida en solución de detergente neutro.

16. c) Muebles lavables, muebles no lavables y otros elementos (por ejemplo, ceniceros).

17. d) 45 cm.

18. d) Ninguna de las respuestas anteriores es correcta.

19. c) Una bayeta húmeda.

20. b) Productos antiestáticos.

21. d) Ninguna es correcta: esta limpieza será realizada por los profesionales del área.

22. a) Suelen cargarse de energía estática.

23. b) Eliminar el polvo de las zonas altas por encima de los hombros.

24. d) Barrer o pasar la mopa por los suelos de todo el colegio así como de sus accesos.

25. d) Utilizaremos trapos de microfibras, en vez de tela.

26. d) Todas las anteriores son correctas.

27. b) Mopear y fregar suelos duros.

28. b) Utilizar una bayeta humedecida en agua y un detergente neutro.

29. d) Todas las anteriores son correctas.

30. a) Limpieza de zonas y dependencias de uso no diario, archivos, sótanos.

31. b) Descontaminación.

32. c) En utilizar ácidos o bases para la limpieza se usan lejías o disolventes orgánicos y a continuación, en una solución de HC1 1N y aclarado con agua destilada.

33. d) Todas las anteriores son propiedades del ozono.

34. a) La desinfección de los conductos, atacando a la raíz del problema los microbios y la materia orgánica de que se alimentan.

35. a) Es el tratamiento idóneo para piedras porosas y calcáreas.

36. d) Las opciones a) y b) son correctas.

37. d) Todas son correctas.

38. a) Utilizaremos productos que contengan fluosilicatos.

39. b) Se apartará un palmo del zócalo.

40. b) Son suelos sensibles a los productos alcalinos.

41. d) Todas son correctas.

42. d) Todas son correctas.

43. b) Lo que más les daña es el agua.

44. b) Lo que más les daña es el polvo.

45. b) Spray.

46. a) Su color.

47. d) Todas las respuestas son correctas.

48. d) Todo ello, emulsionado con agua.

49. c) Primero diamantado y después cristalizado.

50. d) Todas las respuestas son correctas.

51. b) El fregado con un solo cubo solo.

52. d) Al 10 %.

53. c) A las manchas de tinta.

54. a) Las manchas de cal del agua.

55 . b) Las manchas de chicles.

56. c) Aspiraremos en primer lugar las superficies que menos se ensucian y, posteriormente las que más se ensucian (y si es preciso dos o tres veces).

57. c) Tener un umbral de toxicidad superior al del metilcloroformo 350 ppm.

58. b) Suelos textiles.

59. a) Suelos de cerámica.

60. a) Alcalino.

61. a) Utilizaremos productos que contengan fluosilicatos.

62. c) Primero diamantado y después cristalizado.

63. b) Mineral.

64. d) Neutro o ligeramente alcalino.

65. a) Ácido.

66. a) Se deberá aplicar después de la limpieza, si es necesario, lejía en una concentración al 2 %.

67. d) Inodoro.

68. c) Para frotar por dentro el inodoro.

69. d) Detergente-desinfectante.

70. d) Cuantas sea necesario en función de la ocupación.

71. a) Lavabo.

72. d) Todas las respuestas son correctas.

73. b) 70 cm.

74. c) Barras de apoyo a altura adecuada ancladas firmemente junto al inodoro.

75. d) Todas las respuestas son correctas.

76. d) Todas las respuestas son correctas.

77. a) Altamente soluble.

78. d) Son correctas la a) y la b).

79. d) Son correctas la a) y la b).

80. a) Limpiar de lo menos sucio a lo más sucio para evitar contaminaciones.

81. d) Todas son correctas.

82. d) Son correctas la b) y la c).

83. c) La grasa y la mineral.

84. d) Debe ser sensible a las variaciones de pH.

85. d) Resistente al calor.

86. a) El escobillo y el recogedor.

87. b) Arrastrar, amontonar y recoger residuos en pequeños espacios.

88. d) El escobijo o escobillo.

89. d) Los actuales tienen un gran tamaño para evitar desplazamientos a los puntos de vertido.

90. b) Azada y rastrillo.

91. a) El rascador.

92. c) El cepillo.

93. b) 25 metros.

94. b) Monocepillo.

95. c) Pasillos.

96. c) De distinto color.

97. c) Agua más detergente neutro más bayeta y estropajo si fuera preciso.

98. c) Cada día.

99. d) Día.

100. c) Para aprovechar los útiles de limpieza y alargar su vida, se empleará el material estropeado y sucio para realizar la limpieza diaria.

101. c) Finalizada la jornada de trabajo.

102. c) Deberá ajustarse a la que designe la empresa para la que trabaja.

103. d) Limpio, planchado y sin roturas.

104. c) El pelo del trabajador, cuando lo tiene excesivamente largo, no es necesario que se recoja, debido al respeto a la intimidad del mismo.

105. d) El calzado deberá ser el apropiado para la tarea que se tenga que realizar.

106. a) Diario.

107. c) Será condición indispensable para la continuidad en el puesto de trabajo.

108. b) Manos.

109. c) Comiendo, ya que se han lavado antes de comer.

110. d) En todas las ocasiones anteriores.

111. c) Guantes.

112. c) Amarillo.

113. b) Escobillo o escobijo.

114. c) La pala rectangular con los rebordes laterales altos.

115. d) Todas las respuestas son correctas.

116. a) El rascador.

117. b) Gran diámetro, para un abundante riego.

118. b) Snacks.

119. b) 15 centímetros.

120. a) Azul y rojo.

TEST N.º 3

Clases de productos de limpieza. Productos nocivos y corrosivos. Nociones generales sobre forma de actuación en el supuesto de intoxicación con los mismos

1. ¿Cuál es el desinfectante de alto nivel para equipo médico como endoscopios, tubos de espirómetro, dializadores, transductores, equipos de terapia respiratoria y de anestesia?

a) La lejía.
b) El formaldehído.
c) El glioxal.
d) El glutaraldehído.

2. ¿Qué tipo de detergentes compatibles con la lejía, tienen gran poder emulsionante y una capacidad antiséptica baja ya que no produce selección de gérmenes?

a) Los detergentes no iónicos.
b) Los detergentes anfóteros.
c) Los detergentes aniónicos.
d) Los detergentes catiónicos.

3. ¿Qué tipo de detergentes actúan como catiónicos o aniónicos dependiendo del medio en el que se encuentren, son compatibles con el resto de tensioactivos, con la piel y mucosas y tienen baja sensibilidad a las aguas duras?

a) Los detergentes no iónicos.
b) Los detergentes anfóteros.
c) Los detergentes aniónicos.
d) Los detergentes catiónicos.

4. Señala la respuesta incorrecta respecto a los detergentes alcalinos o básicos:

a) Son productos de gran eficacia, pero de elevado poder corrosivo.
b) Son productos de gran eficacia en los procesos de limpieza de la suciedad en general.
c) Son los más indicados para manchas proteicas y también para manchas de grasa.
d) Son aquellos cuyo pH supera el valor de 9.

5. Los detergentes neutros son aquellos cuyo nivel de pH:

a) Es de 5.
b) Es inferior a 5.
c) Supera el valor de 9.
d) Está comprendido entre 6 y 8.

6. Señala una de las características del desinfectante ideal:

a) Estable, tanto en la forma concentrada como en la diluida del producto.
b) Solubilidad en agua.
c) Amplio espectro (bactericida, virucida, fungicida y esporicida).
d) Todas las respuestas son correctas.

7. ¿Cómo se denomina el compuesto que reduce pero no necesariamente elimina los microorganismos desde el medioambiente inanimado y suele ser utilizado generalmente en contacto con los alimentos?

a) Desinfectante de hospital.
b) Detergente desinfectante.
c) Sanitizante.
d) Desinfectante general o de amplio espectro.

8. Señala la respuesta incorrecta respecto a la lejía:

a) Su contenido en cloro activo no será inferior a 35 g/l, ni superior a 100 g/l.
b) Es estable aunque tiene poco efecto remanente y se inactiva muy fácilmente en presencia de materia orgánica.
c) Es el derivado clorado más utilizado, pues tiene un amplio espectro antibacteriano.
d) Es de acción rápida y a la vez económica.

9. ¿Cuál es la dilución de uso de la lejía para zonas de alto riesgo?

a) 1:50 (9,8 litros de agua y 200 ml de lejía).
b) 1:10 (9 litros de agua y 1 de lejía).
c) 2:10 (8 litros de agua y 2 de lejía).
d) 5:10 (5 litros de agua y 5 de lejía).

10. Señala la respuesta incorrecta respecto a los fenoles:

a) Se utilizan en la desinfección de objetos inanimados, superficies y ambiente a la concentración del 1 al 5 %.
b) Son poco solubles en agua, pero unidos a jabones y lejías se obtienen emulsiones densas y estables.
c) De acción rápida en 10 o 15 minutos.
d) Son activos frente a hongos y bacterias Gram (+) y menos frente a las Gram (-).

11. ¿Cuál es la concentración óptima del alcohol?

a) 90 %.
b) 75 %.
c) 70 %.
d) 50 %.

12. Señala la respuesta correcta respecto al alcohol:

a) El alcohol etílico es un buen desinfectante de superficies, de acción lenta y alta potencia.
b) Su actividad depende de la concentración, situándose su máxima actividad entre 40 y 60º.
c) Los alcoholes se inactivan en presencia de materia orgánica.
d) Tiene un tiempo de acción mínimo de 5 minutos.

13. Respecto a los desinfectantes basados en oxígeno activo debemos saber que:

a) Puede utilizarse sobre acero inoxidable de baja calidad ya que no es oxidante.
b) Es recomendable para la limpieza y desinfección de todo tipo de superficies.
c) No se recomienda para incubadoras, utillaje y aparatos.
d) Solo actúan en superficies limpias.

14. Señala la respuesta incorrecta:

a) Los limpiametales se aplican sobre aquellos metales que no puedan limpiarse con solución de detergente neutro.
b) Los limpiacristales se pulverizan, se dejan secar y posteriormente se retiran con bayeta seca.
c) Los limpiamuebles pueden ser sustituidos por una bayeta humedecida en solución de detergente neutro.
d) Los limpiamuebles se deben aplicar en la bayeta inmediatamente antes de su uso y, a ser posible, sobre mobiliario no lavable.

15. ¿Qué tipo de detergentes no se disocian en el agua, por lo que carecen de carga y apenas alteran la función barrera cutánea, se emplean para regular la presencia de espuma en los tensioactivos aniónicos y son solubles en agua, funcionando bien en aguas duras?

a) Los detergentes no iónicos.
b) Los detergentes anfóteros.
c) Los detergentes catiónicos.
d) Los detergentes aniónicos.

16. ¿Cómo se denominan los detergentes cuyo nivel de pH es de 5 o inferior, son de gran eficacia, pero de elevado poder corrosivo?

a) Detergentes neutros.
b) Detergentes básicos.
c) Detergentes ácidos.
d) Detergentes alcalinos.

17. ¿Cuál de los siguientes detergentes está destinado a superficies delicadas o en tratamientos de limpieza de gran frecuencia o escasa suciedad, algo determinado por su poca agresividad?

a) Los detergentes neutros.
b) Los detergentes básicos.
c) Los detergentes ácidos.
d) Los detergentes alcalinos.

18. Señala la respuesta incorrecta respecto a los desinfectantes:

a) Son un agente químico que destruye o inhibe el crecimiento de microorganismos patógenos en fase vegetativa o no esporulada.
b) No necesariamente matan todos los organismos, pero los reducen a un nivel que no dañan la salud ni la calidad de los bienes perecederos.
c) Se aplican sobre objetos y materiales inanimados, como instrumentos y superficies, para tratar y prevenir la infección.
d) Tienen consideración de medicamentos los antisépticos para piel sana, incluidos los destinados al campo quirúrgico preoperatorio y los destinados a la desinfección del punto de inyección.

19. Señala la respuesta incorrecta respecto a la lejía:

a) La dilución se preparará días antes de su utilización para mayor eficacia y preferentemente en lugares ventilados.
b) No se mezclará con otros desinfectantes.
c) La dilución se debe hacer con agua fría.
d) Mantendremos el envase bien etiquetado, siempre cerrado y protegido de la luz.

20. ¿Qué materiales corroe la lejía?

a) El hierro.
b) El níquel.
c) El acero cromado.
d) Todas las respuestas son correctas.

21. ¿Cuál es el desinfectante de elección en instrumentos reutilizables para hemodiálisis?

a) La lejía.
b) El formaldehído.

c) El glioxal.
d) El glutaraldehído.

22. ¿Con qué letra se denominan las indicaciones de peligro de las etiquetas de los productos?

a) P.
b) R.
c) H.
d) S.

23. ¿Cómo se denomina el documento elaborado por el fabricante de una sustancia o mezcla química en la que se ofrece abundante información sobre sus riesgos?

a) Ficha de datos de seguridad.
b) Etiqueta.
c) envase.
d) Prospecto.

24. ¿Qué datos contendrá la FDS sobre la manipulación y almacenamiento del producto?

a) Precauciones para una manipulación segura.
b) Condiciones de almacenamiento seguro, incluidas posibles incompatibilidades.
c) Usos específicos finales.
d) Todas las respuestas son correctas.

25. ¿Qué tipo de peligro tienen las sustancias comburentes?

a) Físicos.
b) Químicos.
c) Para la salud.
d) Para el medio ambiente.

26. Cuando una sustancia o mezcla inducen cáncer o aumentan su incidencia, ¿cómo se denomina?

a) Mutagénica.
b) Carcinogénica.
c) Pirogénica.
d) Tóxica.

27. Si en la etiqueta de un producto aparece el siguiente símbolo significa qué es:

a) Peligroso para el medio ambiente.
b) Nocivo.
c) Biodegradable.
d) Tóxico.

28. Los pictogramas de peligro son composiciones gráficas que contienen:

a) Un símbolo rojo sobre un fondo negro, con un marco naranja lo suficientemente ancho para ser claramente visible.

b) Un símbolo blanco sobre un fondo negro, con un marco rojo lo suficientemente ancho para ser claramente visible.

c) Un símbolo rojo sobre un fondo blanco, con un marco naranja lo suficientemente ancho para ser claramente visible.

d) Un símbolo negro sobre un fondo blanco, con un marco rojo lo suficientemente ancho para ser claramente visible.

29. Las indicaciones de peligro, llamadas H, se agrupan en:

a) Peligros para la salud humana.
b) Peligros físicos.
c) Peligros para el medio ambiente.
d) Todas las respuestas son correctas.

30. El documento que elabora el fabricante de una sustancia o mezcla química para informar de sus riesgos se llama:

a) Libro Técnico de Riesgos.
b) Ficha de Datos de Seguridad.
c) Libro de Instrucciones.
d) Nota Técnica de Prevención.

31. Los envases en que se presentan para la venta los productos de limpieza han de cumplir ciertos requisitos. ¿Cuál de los siguientes es falso?

a) Los materiales que constituyen los envases y sus cierres han de ser fácilmente solubles en el contenido para no entrar en reacción con él.

b) Los envases y sus cierres estará diseñados y fabricados de manera que sean estancos, fuertes y sólidos.

c) Los envases de los productos con un sistema de cierre reutilizable dispondrán de un cierre de características y diseños tales que una vez abiertos puedan ser nuevamente cerrados sin perder su carácter estanco.

d) La válvula de los productos envasados en aerosoles deberá permitir el cierre prácticamente hermético del generador de aerosol y estar protegida contra toda abertura involuntaria.

32. El Reglamento CLP establece tres tipos de peligros que pueden representar las sustancias o sus mezclas; señala la incorrecta:

a) Peligros para el medio ambiente.
b) Peligros físicos.
c) Peligros para la salud.
d) Peligros contagiables.

33. Según el Reglamento CLP, ¿en cuántas clases se agrupan los peligros relacionados con las propiedades fisicoquímicas de los productos?

a) En 2 clases.
b) En 6 clases.
c) En 10 clases.
d) En 16 clases.

34. Los líquidos inflamables son aquellos cuyo punto de inflamación no supera:

a) 60 ºC.
b) 80 ºC.
c) 93 ºC.
d) 110 ºC.

35. ¿Cómo se llaman las sustancias que en contacto con otras producen una reacción exotérmica?

a) Pirofóricas.
b) Explosivas.
c) Comburentes.
d) Corrosivas.

36. Las sustancias o mezclas líquidas o sólidas que, aún en pequeñas cantidades, pueden inflamarse al cabo de 5 minutos de entrar en contacto con el aire, se llaman:

a) Sustancias pirofóricas.
b) Sustancias comburentes.
c) Sustancias autorreactivas.
d) Sustancias explosivas.

37. Los peligros para la salud se hallan divididos, según el Reglamento CLP, en:

a) 20 clases y 35 categorías.
b) 2 clases y 5 categorías.
c) 10 clases y 25 categorías.
d) 16 clases y 45 categorías.

38. No se considera toxicidad aguda cuando los efectos adversos se manifiestan:

a) Tras la administración por vía oral de una sola dosis de una sustancia o mezcla.
b) Tras dosis múltiples administradas a lo largo de 24 horas.
c) Como consecuencia de una exposición por inhalación durante 4 horas.
d) Tras la administración por vía cutánea de entre 10 a 20 dosis de una sustancia o mezcla.

39. Se clasifican como irritantes oculares las sustancias que, como consecuencia de su aplicación en la superficie anterior del ojo, producen alteraciones oculares totalmente reversibles en:

a) Las 4 horas siguientes a la aplicación.
b) Las 24 horas siguientes a la aplicación.
c) Los 10 días siguientes a la aplicación.
d) Los 21 días siguientes a la aplicación.

40. En el etiquetado de un producto de limpieza, las palabras que indican el nivel relativo de gravedad de los peligros para alertar al consumidor de la existencia de un peligro potencial, se denominan:

a) Palabras de advertencia.
b) Consejos de prudencia.
c) Pictogramas.
d) Frases R.

41. ¿Cuál de las siguientes es una palabra de advertencia asociada a las categorías menos graves, según el Reglamento CLP?

a) Cuidado.
b) Ojo.
c) Atención.
d) Prudencia.

42. ¿De qué advierte el pictograma de la figura en una etiqueta de un producto de limpieza?

a) Sustancia inflamable.
b) Sustancia comburente.
c) Sustancia corrosiva.
d) Sustancia explosiva.

43. Al utilizar un producto químico con el siguiente pictograma, hay que recordar que se trata de una sustancia:

a) Corrosiva.
b) Dañina para el medio ambiente.
c) Tóxica.
d) Gas bajo presión.

44. Las frases de riesgo, R, de las etiquetas de los productos químicos han sido sustituidos en el nuevo Reglamento CLP por:

a) Las frases H, indicaciones de peligro.
b) Los consejos de prudencia, P.

c) Las palabras de advertencia.
d) Los pictogramas.

45. Las frases EUH en la etiqueta de un producto, contienen:

a) Indicaciones de peligro para la salud humana.
b) Consejos de prudencia.
c) Frases de advertencia.
d) Información suplementaria sobre los peligros.

46. Los nuevos consejos de prudencia en las etiquetas de los productos, equivalen a las anteriores:

a) Indicaciones de peligro.
b) Frases S.
c) Frases R.
d) Palabras de peligro.

47. El etiquetado de aquellos detergentes que resulten clasificados como productos peligrosos:

a) Deberá cumplir el Reglamento sobre clasificación, envasado y etiquetado de preparados peligrosos vigente.
b) Bastará con cumplir sólo el etiquetado de la Reglamentación técnico-sanitaria para la elaboración, circulación y comercio de detergentes y limpiadores.
c) No está sujeta a obligaciones de etiquetado.
d) La etiqueta deberá ser de color naranja.

48. En el caso de que un producto limpiador sea considerado como producto peligroso, actualmente el fabricante debe incluir en su etiquetado un pictograma de peligro que será:

a) Cuadrado y apoyado sobre un lado.
b) Cuadrado y apoyado sobre un vértice.
c) Redondo.
d) Rectangular apoyado sobre el lado mayor.

49. En la tabla de almacenamiento con sus respectivos iconos, el signo "0" entre productos nos indica:

a) Puede almacenarse junto.
b) No debe almacenarse junto.
c) Solamente podrán almacenarse juntos, adoptando ciertas medidas.
d) Debe estar siempre vacío.

50. ¿Qué es falso del almacenamiento de los productos de limpieza?

a) Se debe utilizar en las zonas bajas de las estanterías los productos más voluminosos y los más utilizados.

b) Almacenar las sustancias peligrosas debidamente separadas.

c) A mayor producto almacenado, menor riesgo.

d) Almacenar las sustancias peligrosas agrupadas por el tipo de riesgo que pueden generar y respetando las incompatibilidades que existen entre ellas

51. Los productos de limpieza pueden:

a) Provocar incendios o explosiones.

b) Emitir gases peligrosos.

c) Son ciertas las respuestas a) y b).

d) Generalmente son inocuos, y no debe existir precauciones en su almacenamiento.

52. ¿Qué cantidades de productos químicos de limpieza se guardarán en los lugares de trabajo?

a) Suficientes para un mes de trabajo.

b) Suficientes para una semana de trabajo.

c) Las que sean estrictamente necesarias para el desarrollo de la actividad diaria.

d) No es necesario tener controles estrictos de cantidades de productos químicos de limpieza.

53. ¿Cómo deben almacenarse las sustancias peligrosas empleadas en la limpieza?

a) Separadas y obviando las incompatibilidades que existen entre ellas.

b) Agrupadas por diferentes tipos de riesgo.

c) Obviando las incompatibilidades que existen entre ellas.

d) Separadas, agrupadas por el tipo de riesgo que pueden generar y respetando las incompatibilidades que existen entre ellas.

54. ¿Qué productos de estos pueden estar cerca unos de otros ya que no son reactivos entre sí?

a) La lejía y el salfumán.

b) La lejía y el amoníaco.

c) La lejía, el salfumán, el amoníaco.

d) Todos son reactivos entre sí, y no pueden acercarse unos con otros.

55. Todo lo que se dice de las recomendaciones de almacenaje de productos químicos empleados en limpieza es cierto, excepto:

a) Elegir el recipiente adecuado para guardar cada tipo de sustancia química.

b) Guardar los líquidos peligrosos en recipientes abiertos.

c) Tener en cuenta que el frío y el calor deterioran el plástico, por lo que este tipo de envases que contenga productos químicos de limpieza deben ser revisados con frecuencia.

d) Todos los envases que contenga productos químicos de limpieza deben tener su correspondiente etiqueta.

56. ¿Qué productos químicos se sitúan en las zonas más bajas de las estanterías?

a) Los productos más voluminosos y los menos utilizados.
b) Los productos más voluminosos y los más utilizados.
c) Los productos menos voluminosos y los menos utilizados.
d) Los productos menos voluminosos y los más utilizados.

Solución al test n.º 3

1. d) El glutaraldehído.

2. c) Los detergentes aniónicos.

3. b) Los detergentes anfóteros.

4. a) Son productos de gran eficacia, pero de elevado poder corrosivo.

5. d) Está comprendido entre 6 y 8.

6. d) Todas las respuestas son correctas.

7. c) Sanitizante.

8. b) Es estable aunque tiene poco efecto remanente y se inactiva muy fácilmente en presencia de materia orgánica.

9. b) 1:10 (9 litros de agua y 1 de lejía).

10. d) Son activos frente a hongos y bacterias Gram (+) y menos frente a las Gram (-).

11. c) 70 %.

12. c) Los alcoholes se inactivan en presencia de materia orgánica.

13. b) Es recomendable para la limpieza y desinfección de todo tipo de superficies.

14. d) Los limpiamuebles se deben aplicar en la bayeta inmediatamente antes de su uso y, a ser posible, sobre mobiliario no lavable.

15. a) Los detergentes no iónicos.

16. c) Detergentes ácidos.

17. a) Los detergentes neutros.

18. d) Tienen consideración de medicamentos los antisépticos para piel sana, incluidos los destinados al campo quirúrgico preoperatorio y los destinados a la desinfección del punto de inyección.

19. a) La dilución se preparará días antes de su utilización para mayor eficacia y preferentemente en lugares ventilados.

20. d) Todas las respuestas son correctas.

21. b) El formaldehído.

22. c) H.

23. a) Ficha de datos de seguridad.

24. d) Todas las respuestas son correctas.

25. a) Físicos.

26. b) Carcinogénica.

27. a) Peligroso para el medio ambiente.

28. d) Un símbolo negro sobre un fondo blanco, con un marco rojo lo suficientemente ancho para ser claramente visible.

29. d) Todas las respuestas son correctas.

30. b) Ficha de Datos de Seguridad.

31. a) Los materiales que constituyen los envases y sus cierres han de ser fácilmente solubles en el contenido para no entrar en reacción con él.

32. d) Peligros contagiables.

33. d) En 16 clases.

34. a) 60 ºC.

35. c) Comburentes.

36. a) Sustancias pirofóricas.

37. c) 10 clases y 25 categorías.

38. d) Tras la administración por vía cutánea de entre 10 a 20 dosis de una sustancia o mezcla.

39. d) Los 21 días siguientes a la aplicación.

40. a) Palabras de advertencia.

41. c) Atención.

42. d) Sustancia explosiva.

43. a) Corrosiva.

44. a) Las frases H, indicaciones de peligro.

45. d) Información suplementaria sobre los peligros.

46. b) Frases S.

47. a) Deberá cumplir el Reglamento sobre clasificación, envasado y etiquetado de preparados peligrosos vigente.

48. b) Cuadrado y apoyado sobre un vértice.

49. c) Solamente podrán almacenarse juntos, adoptando ciertas medidas.

50. c) A mayor producto almacenado, menor riesgo.

51. c) Son ciertas las respuestas a) y b).

52. c) Las que sean estrictamente necesarias para el desarrollo de la actividad diaria.

53. d) Separadas, agrupadas por el tipo de riesgo que pueden generar y respetando las incompatibilidades que existen entre ellas.

54. d) Todos son reactivos entre sí, y no pueden acercarse unos con otros.

55. b) Guardar los líquidos peligrosos en recipientes abiertos.

56. b) Los productos más voluminosos y los más utilizados.

TEST N.º 4

Aspectos ecológicos en la limpieza. Eliminación de residuos

1. ¿Qué es la Agenda 21?

a) Un convenio sobre cambio climático.
b) Un programa de acción para alcanzar los objetivos del desarrollo sostenible en todos los países.
c) Una declaración sobre medio ambiente y desarrollo.
d) Un documento donde se programan todas las reuniones que tendrán lugar en el siglo 21.

2. ¿Qué consecuencias tiene el efecto invernadero?

a) El calentamiento de la tierra.
b) El enfriamiento de la tierra.
c) La eutrofización de las aguas.
d) Todas las respuestas son correctas.

3. ¿Qué efecto tienen los incendios sobre el medio ambiente?

a) Liberación de CO_2 a la atmósfera.
b) Liberación de CFCs a la atmósfera.
c) Deforestación.
d) Las opciones a y c son correctas.

4. ¿Cuáles son las consecuencias del cambio climático?

a) Disminución de la lluvia y largos periodos de sequía.
b) Lluvias torrenciales e inundaciones.
c) Deshielo de glaciares.
d) Todas las respuestas son correctas.

5. ¿Qué es la valorización de los residuos?

a) Cualquier procedimiento que permita el aprovechamiento de los recursos contenidos en los residuos, sin poner en peligro la salud humana.
b) La reducción de los residuos.

c) La reutilización de los residuos, sin poner en peligro la salud humana.
d) Ninguna respuesta es correcta.

6. ¿Qué consecuencias tiene la concentración de materia orgánica en el agua de los ríos?

a) La eutrofización.
b) La proliferación de todas las especies animales.
c) El aumento de la biodiversidad.
d) Todas las anteriores.

7. ¿Qué efectos tienen los fosfatos que componen los detergentes?

a) Eutrofización de las aguas.
b) Contaminación atmosférica.
c) Contaminación lumínica.
d) Cambios de pH.

8. Los productos de limpieza en seco, ¿son contaminantes?

a) Sí, porque llevan disolventes.
b) No.
c) Sí, porque llevan tensioactivos.
d) No, porque sólo generan espuma.

9. ¿Cuál de los siguientes componentes de los detergentes no es biodegradable?

a) Tensioactivos.
b) Citratos.
c) Fosfatos.
d) Ninguno de los anteriores es biodegradable.

10. ¿Qué problemas origina la basura orgánica?

a) Son un medio ideal para la multiplicación de los microorganismos.
b) Atraen frecuentemente insectos, roedores y otros animales que ayudan a la propagación de algunas enfermedades.
c) Empiezan a descomponerse en poco tiempo y generan mal olor.
d) Todas las respuestas son correctas.

11. ¿Qué es un residuo?

a) Aquello que ya no tiene la utilidad inicial.
b) Es el objeto que se puede reciclar.
c) Aquella sustancia que resulta tóxica.
d) Ninguna respuesta es correcta.

12. Los productos químicos, a tenor de su peligrosidad, se clasifican en cuatro tipos de peligros:

a) Físicos, para la salud humana, química y radiactiva.
b) Físicos, químicos, técnicos y comburentes.
c) Físicos, para la salud humana, para el medio ambiente y para la capa de ozono.
d) Para la salud humana, para el medio ambiente, para la capa de ozono y para las relaciones laborales.

13. ¿Qué problemas origina la basura orgánica?

a) Son un medio ideal para la multiplicación de los microorganismos.
b) Atraen frecuentemente insectos, roedores y otros animales que ayudan a la propagación de algunas enfermedades.
c) Empiezan a descomponerse en poco tiempo y generan mal olor.
d) Todas las respuestas son correctas.

14. ¿Cómo se clasifican los residuos generados en la cocina de un centro público?

a) Urbanos.
b) Sanitarios urbanos.
c) Sanitarios asimilables a urbanos.
d) Citotóxicos y biosanitarios.

15. ¿Cuál de las siguientes afirmaciones no es correcta?

a) Los desperdicios de alimentos y de otro tipo podrán acumularse en locales por los que circulen alimentos.
b) Los desperdicios de alimentos y de otro tipo se depositarán en contenedores provistos de cierre, a menos que la autoridad competente permita el uso de otros contenedores.
c) Los depósitos de desperdicios estarán diseñados de forma que puedan mantenerse limpios e impedir el acceso de insectos y otros animales indeseables y la contaminación de los alimentos, del agua potable, del equipo o de los locales.
d) Las opciones a) y c) no son correctas.

16. ¿Qué son los envases?

a) Recipientes que se utilizan para acumular directamente los residuos.
b) Recipientes que se utilizan para acumular bolsas.
c) Contenedores.
d) Las opciones b) y c) son correctas.

17. ¿Qué características tendrán los contenedores de basura?

a) Impermeables.
b) De fácil limpieza.

c) Con tapa de cierre hermético.
d) Todas las respuestas son correctas.

18. ¿Qué requisitos debe cumplir el traslado interno de los residuos?

a) Supondrá un riesgo para el personal.
b) No se trasvasarán residuos de un envase a otro.
c) Los circuitos utilizados no serán de uso exclusivo.
d) Todas las respuestas son correctas.

19. ¿Qué afirmación es correcta?

a) Los depósitos intermedios para residuos no tendrán salida al exterior para evitar el acceso de personas no autorizadas.
b) Los depósitos intermedios serán refrigerados para evitar la proliferación de microorganismos.
c) Los depósitos intermedios no dispondrán de ventilación para evitar la propagación de olores.
d) Todas las afirmaciones anteriores son correctas.

20. ¿Qué se debe hacer con los aceites usados?

a) Deben recogerse en recipientes metálicos especiales para su posterior incineración.
b) Se tirarán por el desagüe.
c) No son contaminantes, por lo que no requieren ningún tratamiento especial.
d) Se depositan en los vertederos.

21. ¿Qué características tendrán los contenedores de residuos alimenticios?

a) Impermeables.
b) Con tapa de cierre hermético.
c) Con sistema de apertura por pedal.
d) Todas las respuestas son correctas.

22. ¿Qué es falso sobre los depósitos intermedios de residuos?

a) Serán refrigerados.
b) Tendrán entrada desde la cocina y salida al exterior.
c) Es el lugar donde se llevará a cabo la destrucción de los residuos.
d) Las opciones a) y b) son falsas.

23. ¿Cómo serán los circuitos utilizados para el traslado interno de residuos?

a) Exclusivos.
b) Separados de las vías para público.
c) De un solo sentido.
d) Las opciones a) y b) son correctas.

24. ¿Cómo puede eliminarse los residuos sólidos asimilables a urbanos?

a) Triturándolos en vertederos controlados.
b) Depositándolos en vertederos incontrolados.
c) Por incineración.
d) Todas las respuestas son correctas.

25. La Ley de residuos y suelos contaminados para una economía circular tiene por objeto:

a) Regular el régimen jurídico aplicable a la puesta en el mercado de productos en relación con el impacto en la gestión de sus residuos.
b) Regular el régimen jurídico de la prevención, producción y gestión de residuos, incluyendo el establecimiento de instrumentos económicos aplicables en este ámbito.
c) Regular el régimen jurídico aplicable a los suelos contaminados.
d) Todas las respuestas anteriores son correctas.

26. La Ley de residuos y suelos contaminados para una economía circular es de aplicación:

a) A los residuos radiactivos.
b) A las materias fecales, paja y otro material natural, agrícola o silvícola, no peligroso, utilizado en explotaciones agrícolas y ganaderas, en la silvicultura o en la producción de energía a base de esta biomasa, mediante procedimientos o métodos que no pongan en peligro la salud humana o dañen el medio ambiente.
c) A todo tipo de residuos, con algunas exclusiones.
d) A los explosivos desclasificados.

27. La Ley 7/2022, de 8 de abril, será aplicable:
la) A los cadáveres de animales que hayan muerto de forma diferente al sacrificio, incluidos los que han sido muertos con el fin de erradicar epizootias.
b) A los subproductos animales y sus productos derivados, cuando se destinen a la incineración, a los vertederos o sean utilizados en una planta de digestión anaerobia, de compostaje o de obtención de combustibles.
c) A las aguas residuales.
d) A los residuos resultantes de la prospección, de la extracción, del tratamiento o del almacenamiento de recursos minerales, así como de la explotación de canteras.

28. Se excluirán del ámbito de aplicación de la Ley 7/2022, de 8 de abril, los sedimentos reubicados en el interior de las aguas superficiales a efectos de gestión de las aguas y de las vías navegables, de prevención de las inundaciones o de mitigación de los efectos de las inundaciones y de las sequías, o de creación de nuevas superficies de terreno, si se demuestra:

a) Que dichos sedimentos son residuos.
b) Que dichos sedimentos no son residuos.

123

c) Que dichos sedimentos no son peligrosos.
d) Ninguna de las respuestas anteriores es correcta.

29. A los efectos de la Ley 7/2022, de 8 de abril, de residuos y suelos contaminados para una economía circular, se entenderá por residuo:

a) Cualquier sustancia que su poseedor deseche.
b) Cualquier objeto que su poseedor tenga la intención de desechar.
c) Cualquier sustancia que su poseedor tenga la obligación de desechar.
d) Todas las respuestas son correctas.

30. No se considera un residuo doméstico:

a) Los residuos que se generan en los hogares de aparatos eléctricos y electrónicos, ropa, pilas, acumuladores, muebles y enseres.
b) Los residuos y escombros procedentes de obras menores de construcción y reparación domiciliaria.
c) Los residuos generados en los hogares, servicios e industrias, como consecuencia de las actividades domésticas.
d) Los residuos generados por la actividad propia del comercio, al por mayor y al por menor, de los servicios de restauración y bares, de las oficinas y de los mercados, así como del resto del sector servicios.

31. Los residuos procedentes de limpieza de vías públicas, zonas verdes, áreas recreativas y playas, tendrán la consideración de:

a) Residuos comerciales.
b) Residuos industriales.
c) Residuos domésticos.
d) Residuos peligrosos.

32. Son residuos industriales:

a) Los vehículos abandonados.
b) Los residuos que se generan en los hogares de aparatos eléctricos y electrónicos, ropa, pilas, acumuladores, muebles y enseres.
c) Los residuos generados por la actividad propia del comercio, al por mayor y al por menor, de los servicios de restauración y bares, de las oficinas y de los mercados, así como del resto del sector servicios.
d) Los residuos resultantes de los procesos de producción, fabricación, transformación, utilización, consumo, limpieza o mantenimiento generados por la actividad industrial como consecuencia de su actividad principal.

33. Los animales domésticos muertos, tienen la consideración de:

a) Residuos domésticos.
b) Residuos comerciales.

c) Residuos industriales.
d) No tienen la consideración de residuo.

34. El residuo peligroso:

a) Es aquel que presenta una o varias características peligrosas.
b) Es aquel que puede aprobar el Gobierno de conformidad con lo establecido en la normativa europea o en los convenios internacionales de los que España sea parte.
c) Los recipientes y envases que hayan contenido residuos peligrosos.
d) Todas las respuestas son correctas.

35. Los vehículos abandonados tienen la consideración de:

a) Residuos comerciales.
b) Residuos domésticos.
c) Residuos industriales.
d) Residuos peligrosos.

36. Se consideran aceites usados todos los aceites industriales o de lubricación, de origen mineral, natural o sintético, que hayan dejado de ser aptos para el uso originalmente previsto. Entre ellos no se encuentran:

a) Los aceites usados de motores de combustión y los aceites de cajas de cambios.
b) Los aceites usados en el entorno doméstico.
c) Los aceites lubricantes.
d) Los aceites para turbinas y los aceites hidráulicos.

37. Se considera biorresiduo:

a) Los residuos alimenticios y de cocina procedentes de hogares.
b) Los residuos alimenticios y de cocina procedentes de restaurantes y servicios de restauración colectiva.
c) Los residuos alimenticios y de cocina procedentes de establecimientos de venta al por menor.
d) Todas las respuestas anteriores son correctas.

38. La Ley 7/2022, de 8 de abril, define «prevención» al conjunto de medidas adoptadas en la fase de concepción y diseño, de producción, de distribución y de consumo de una sustancia, material o producto para reducir:

a) La cantidad de residuo, incluso mediante la reutilización de los productos o el alargamiento de la vida útil de los productos.
b) Los impactos adversos sobre el medio ambiente y la salud humana de los residuos generados, incluyendo el ahorro en el uso de materiales o energía.
c) El contenido de sustancias nocivas en materiales y productos.
d) Todas las respuestas anteriores son correctas.

39. No se incluye en la definición de «productor de residuos»:

a) Las personas físicas o jurídicas que estén en posesión de residuos.
b) Cualquier persona física cuya actividad produzca residuos (productor inicial de residuos).
c) Cualquier persona que efectúe operaciones de tratamiento previo, de mezcla o de otro tipo, que ocasionen un cambio de naturaleza o de composición de esos residuos.
d) Cualquier persona jurídica cuya actividad produzca residuos (productor inicial de residuos).

40. A toda persona física o jurídica que organiza la valorización o la eliminación de residuos por encargo de terceros, se define por la Ley 7/2022, de 8 de abril, como:

a) Productor de residuos.
b) Negociante.
c) Agente.
d) Poseedor de residuos.

41. Toda persona física o jurídica que actúe por cuenta propia en la compra y posterior venta de residuos, se define por la Ley 7/2022, de 8 de abril, como:

a) Productor de residuos.
b) Negociante.
c) Agente.
d) Poseedor de residuos.

42. Según la Ley 7/2022, de 8 de abril, ¿qué se entiende por «recogida»?

a) La recogida, el transporte y tratamiento de los residuos, incluida la vigilancia de estas operaciones, así como el mantenimiento posterior al cierre de los vertederos, incluidas las actuaciones realizadas en calidad de negociante o agente.
b) Cualquier operación mediante la cual productos o componentes de productos que no sean residuos se utilizan de nuevo con la misma finalidad para la que fueron concebidos.
c) La operación consistente en el acopio, la clasificación y almacenamiento iniciales de residuos, de manera profesional, con el objeto de transportarlos posteriormente a una instalación de tratamiento.
d) Las operaciones de valorización o eliminación, incluida la preparación anterior a la valoración o eliminación.

43. La recogida en la que un flujo de residuos se mantiene por separado, según su tipo y naturaleza, para facilitar un tratamiento específico se define como:

a) Gestión de residuos.
b) Tratamiento.
c) Recogida separada.
d) Reutilización.

44. Indique cuál de las siguientes es una operación de valorización consistente en la comprobación, limpieza o reparación, mediante la cual productos o componentes de productos que se hayan convertido en residuos se preparan para que puedan reutilizarse sin ninguna otra transformación previa:

a) Preparación para la reutilización.
b) Reciclado.
c) Reutilización.
d) Eliminación.

45. ¿Cuál de las siguientes definiciones se relaciona con el «reciclado»?

a) Cualquier operación de reciclado que permita producir aceites de base mediante el refinado de aceites usados, en particular mediante la retirada de los contaminantes, los productos de la oxidación y los aditivos que contengan dichos aceites.
b) Cualquier operación que no sea la valorización, incluso cuando la operación tenga como consecuencia secundaria el aprovechamiento de sustancias o energía.
c) Toda operación de valorización mediante la cual los materiales de residuos son transformados de nuevo en productos, materiales o sustancias, tanto si es con la finalidad original como con cualquier otra finalidad.
d) La operación de valorización consistente en la comprobación, limpieza o reparación, mediante la cual productos o componentes de productos que se hayan convertido en residuos se preparan para que puedan reutilizarse sin ninguna otra transformación previa.

46. La operación de reciclado incluye:

a) La transformación del material orgánico.
b) La valorización energética.
c) La transformación en materiales que se vayan a usar como combustibles.
d) Las operaciones de relleno.

47. ¿Qué concepto se vincula con la siguiente definición: material orgánico higienizado y estabilizado obtenido a partir del tratamiento controlado biológico aerobio y termófilo de residuos biodegradables recogidos separadamente?

a) Suelo contaminado.
b) Material bioestabilizado.
c) Compost.
d) Aceite usado.

48. Señala cuál de las siguientes opciones son incorrectas. Una sustancia u objeto, resultante de un proceso de producción, cuya finalidad primaria no sea la producción de esa sustancia u objeto, puede ser considerada como subproducto y no como residuo, cuando se cumplan cuatro condiciones:

a) Que se tenga la seguridad de que la sustancia u objeto va a ser utilizado ulteriormente.
b) Que la sustancia u objeto se tenga que someter a una transformación ulterior distinta de la práctica industrial habitual.

c) Que la sustancia u objeto se produzca como parte integrante de un proceso de producción.

d) Que el uso ulterior cumpla todos los requisitos pertinentes relativos a los productos así como a la protección de la salud humana y del medio ambiente, sin que produzca impactos generales adversos para la salud humana o el medio ambiente.

49. ¿Qué ley ha venido a derogar la nueva Ley 7/2022, de 8 de abril, de residuos y suelos contaminados para una economía circular?

a) La Ley 37/2009, de 17 de enero, de residuos y suelos contaminados.
b) La Ley 33/2010, de 9 de abril, de residuos y suelos contaminados.
c) La Ley 5/2011, de 30 de septiembre, de residuos y suelos contaminados.
d) La Ley 22/2011, de 28 de julio, de residuos y suelos contaminados.

50. La Ley 7/2022, de 8 de abril, de residuos y suelos contaminados para una economía circular, no es aplicable a:

a) Los explosivos desclasificados.
b) Los suelos contaminados.
c) Los productos fabricados con plástico oxodegradable.
d) Los artes de pesca que contienen plásticos.

51. A tenor de la Ley 7/2022, de 8 de abril, la persona física o jurídica, pública o privada, registrada mediante autorización o comunicación que realice cualquiera de las operaciones que componen la gestión de los residuos, sea o no el productor de los mismos, se define como:

a) Negociante.
b) Gestor de residuos.
c) Manipulador de residuos.
d) Intermediario.

52. ¿Cómo define la Ley de residuos y suelos contaminados para una economía circular a toda persona física o jurídica que actúe por cuenta propia en la compra y posterior venta de residuos, incluidas aquellas que no tomen posesión física de los residuos?

a) Negociante.
b) Tratante.
c) Manipulador de residuos.
d) Intermediario.

53. Toda operación de valorización en la que se utilizan residuos no peligrosos aptos para fines de regeneración en zonas excavadas o para obras de ingeniería paisajística, se denomina en la nueva Ley de residuos y suelos contaminados para una economía circular como:

a) Relleno.
b) Colmado.

c) Picado.
d) Batido.

54. Cualquier operación cuyo resultado principal sea que el residuo sirva a una finalidad útil al sustituir a otros materiales, que de otro modo se habrían utilizado para cumplir una función particular o que el residuo sea preparado para cumplir esa función en la instalación o en la economía en general, es definida por la Ley 7/2022, de 8 de abril, como:

a) Valorización.
b) Tratamiento.
c) Biotransformación.
d) Biotratamiento.

55. Cualquier operación mediante la cual productos o componentes de productos que no sean residuos se utilizan de nuevo con la misma finalidad para la que fueron concebidos, es denominada en la Ley de residuos y suelos contaminados para una economía circular como:

a) Biotransformación.
b) Valorización.
c) Reutilización.
d) Reciclaje.

56. La Ley 7/2022, de 8 de abril, de residuos y suelos contaminados para una economía circular, define como residuos domésticos a:

a) Los residuos peligrosos generados en los hogares como consecuencia de las actividades domésticas.
b) Los similares en composición y cantidad a los residuos peligrosos o no peligrosos generados en los hogares como consecuencia de las actividades domésticas generados en servicios e industrias, que no se generen como consecuencia de la actividad propia del servicio o industria.
c) Los residuos no peligrosos generados en los hogares como consecuencia de las actividades domésticas.
d) Todas las respuestas son correctas.

57. ¿Cómo define la Ley 7/2022, de 8 de abril, a cualquier sustancia u objeto que su poseedor deseche o tenga la intención o la obligación de desechar?

a) Resto.
b) Sobrante.
c) Despojo.
d) Residuo.

58. ¿Qué consideración otorga la Ley 7/2022, de 8 de abril, a los residuos procedentes de los servicios de restauración y bares?

a) Residuos industriales.
b) Residuos domésticos.

c) Residuos agrarios y silvícolas.
d) Residuos comerciales.

59. Los residuos peligrosos del hogar y residuos voluminosos, incluidos los colchones y los muebles, tienen la consideración en la Ley 7/2022, de 8 de abril, de residuos y suelos contaminados para una economía circular, de:

a) Residuos municipales.
b) Residuos industriales.
c) Residuos domésticos.
d) Residuos comerciales.

60. Los escombros procedentes de obras menores de construcción y reparación domiciliaria, tienen la consideración en la Ley 7/2022, de 8 de abril, de residuos y suelos contaminados para una economía circular, de:

a) Residuos industriales.
b) Residuos municipales.
c) Residuos de construcción y demolición.
d) Residuos domésticos.

Solución al test n.º 4

1. b) Un programa de acción para alcanzar los objetivos del desarrollo sostenible en todos los países.

2. a) El calentamiento de la tierra.

3. d) Las opciones a) y c) son correctas.

4. d) Todas las respuestas son correctas.

5. a) Cualquier procedimiento que permita el aprovechamiento de los recursos contenidos en los residuos, sin poner en peligro la salud humana.

6. a) La eutrofización.

7. a) Eutrofización de las aguas.

8. a) Sí, porque llevan disolventes.

9. c) Fosfatos.

10. d) Todas las respuestas son correctas.

11. a) Aquello que ya no tiene la utilidad inicial.

12. c) Físicos, para la salud humana, para el medio ambiente y para la capa de ozono.

13. d) Todas las respuestas son correctas.

14. c) Sanitarios asimilables a urbanos.

15. a) Los desperdicios de alimentos y de otro tipo podrán acumularse en locales por los que circulen alimentos.

16. a) Recipientes que se utilizan para acumular directamente los residuos.

17. d) Todas las respuestas son correctas.

18. b) No se trasvasarán residuos de un envase a otro.

19. b) Los depósitos intermedios serán refrigerados para evitar la proliferación de microorganismos.

20. a) Deben recogerse en recipientes metálicos especiales para su posterior incineración.

21. d) Todas las respuestas son correctas.

22. c) Es el lugar donde se llevará a cabo la destrucción de los residuos.

23. d) Las opciones a) y b) son correctas.

24. c) Por incineración.

25. d) Todas las respuestas anteriores son correctas.

26. c) A todo tipo de residuos, con algunas exclusiones.

27. b) A los subproductos animales y sus productos derivados, cuando se destinen a la incineración, a los vertederos o sean utilizados en una planta de digestión anaerobia, de compostaje o de obtención de combustibles.

28. c) Que dichos sedimentos no son peligrosos.

29. d) Todas las respuestas son correctas.

30. d) Los residuos generados por la actividad propia del comercio, al por mayor y al por menor, de los servicios de restauración y bares, de las oficinas y de los mercados, así como del resto del sector servicios.

31. c) Residuos domésticos.

32. d) Los residuos resultantes de los procesos de producción, fabricación, transformación, utilización, consumo, limpieza o mantenimiento generados por la actividad industrial como consecuencia de su actividad principal.

33. a) Residuos domésticos.

34. d) Todas las respuestas son correctas.

35. b) Residuos domésticos.

36. b) Los aceites usados en el entorno doméstico.

37. d) Todas las respuestas anteriores son correctas.

38. d) Todas las respuestas anteriores son correctas.

39. a) Las personas físicas o jurídicas que estén en posesión de residuos.

40. c) Agente.

41. b) Negociante.

42. c) La operación consistente en el acopio, la clasificación y almacenamiento iniciales de residuos, de manera profesional, con el objeto de transportarlos posteriormente a una instalación de tratamiento.

43. c) Recogida separada.

44. a) Preparación para la reutilización.

45. c) Toda operación de valorización mediante la cual los materiales de residuos son transformados de nuevo en productos, materiales o sustancias, tanto si es con la finalidad original como con cualquier otra finalidad.

46. a) La transformación del material orgánico.

47. c) Compost.

48. b) Que la sustancia u objeto se tenga que someter a una transformación ulterior distinta de la práctica industrial habitual.

49. d) La Ley 22/2011, de 28 de julio, de residuos y suelos contaminados.

50. a) Los explosivos desclasificados.

51. b) Gestor de residuos.

52. a) Negociante.

53. a) Relleno.

54. a) Valorización.

55. c) Reutilización.

56. d) Todas las respuestas son correctas.

57. d) Residuo.

58. d) Residuos comerciales.

59. a) Residuos municipales.

60. d) Residuos domésticos.

TEST N.º 5

La atención, acogida e información al ciudadano. Recepción y telefonía. Vigilancia, control de instalaciones y de las personas que acceden a las dependencias municipales. Apertura y cierre de centros

1. En el trato a un cliente presuntuoso, no es correcto:

a) Mostrar humildad.
b) Competir con él.
c) Mostrar mucha amabilidad.
d) Adularle alguna vez.

2. En el trato a un cliente escéptico, no es correcto:

a) Mostrar paciencia y perseverancia.
b) Ser sincero.
c) Mantenerse firme y a distancia.
d) Dar garantías.

3. No es correcto, en relación con el comportamiento agresivo de un ciudadano cliente la siguiente afirmación:

a) El agresivo se enfadará con el representante de la Administración, aun sabiendo que no es el culpable de sus problemas.
b) El funcionario no debe perder las buenas maneras y no dar respuestas que puedan ser interpretadas como una provocación.
c) Se intentará frenar la parte irracional de su comportamiento y negociar, haciéndole sentir que su problema nos preocupa.
d) No es conveniente aplicar en esta situación la escucha activa.

4. ¿Cuál de los siguientes tipos de comportamiento se caracteriza por dar afirmaciones claras, expresarse con franqueza y de manera constructiva?

a) Comportamiento asertivo.
b) Comportamiento pasivo.

135

c) Comportamiento agresivo.
d) Comportamiento pasivo-agresivo.

5. Para establecer un tono positivo con los clientes que no tienen razón en sus argumentos, hemos de:

a) Decirles que no llevan la razón.
b) Decirles que están equivocados.
c) Hacerles sentir culpables.
d) Esforzarnos en ser positivos en nuestras respuestas.

6. Parafrasear es una forma de asegurar nuestra comprensión del mensaje diciéndole al cliente lo que pensamos o lo que hemos comprendido:

a) Añadiendo la información no incluida por el cliente.
b) Asegurándonos de que nuestro tono incluye juicio.
c) Asegurándonos de que nuestro tono incluye evaluación.
d) Dando a entender al cliente que queremos saber si entendemos adecuadamente su mensaje.

7. Cuando los clientes se acercan a la Administración, a menudo nos encontramos con la tarea de tener que explicar un asunto o un servicio. No es cierto que en la explicación:

a) Nos aseguraremos de dar la información correcta.
b) Evitaremos los tecnicismos, utilizando un lenguaje simple y coloquial y educado.
c) Utilizaremos explicaciones de carrerilla, para no ser desigual con otros clientes.
d) No asumiremos que el cliente sabe de temas de la Administración, facilitándole los detalles imprescindibles.

8. ¿Cuál de las siguientes opciones es correcta en cuanto a convencer al cliente?

a) Convencer es coaccionar al cliente para que este realice algo que no desea.
b) Tenemos que persuadirle.
c) Los ciudadanos quieren creer lo que les decimos.
d) No es tarea del personal de la Administración ganarse la confianza que quieran depositar en él.

9. Para tratar a un cliente enfadado, aplicando la técnica de la escucha física:

a) Miraremos al ciudadano directamente. Esto implica que prestamos toda nuestra atención a la conversación con el cliente.
b) Cruzaremos los brazos o las piernas, para hacer pensar al cliente que estamos dispuestos a escucharle.
c) Le miraremos a los ojos fijamente por largo tiempo.
d) Mantendremos una postura rígida e inamovible.

10. La escucha física es una técnica que nos va a permitir, mediante un lenguaje no verbal, tranquilizar y relajar el ánimo de nuestro cliente. ¿Cuál de las siguientes frases es correcta?

a) Primero la persona, después el problema. Primero los sentimientos, después los hechos.
b) Primero la persona, después los sentimientos. Primero el problema, después los hechos.
c) Primero los sentimientos, después la persona. Primero los hechos, después el problema.
d) Primero el problema, después la persona. Primero los hechos, después los sentimientos.

11. Para disminuir la tensión en una reclamación de un ciudadano agresivo:

a) Hay que sentirse personalmente afectado.
b) Hay que evitar la responsabilidad.
c) Dejar hablar y escuchar.
d) Procurar entrar en discusión.

12. Ante un cliente que solicita información con mucha meticulosidad, numerosas preguntas y una actitud crítica, el trato del informador público debe caracterizarse por:

a) Permanecer impasible.
b) Dar pocos detalles.
c) Aportar conocimientos técnicos.
d) Mantenerse firme.

13. Un cliente acude a una de las oficinas de la Administración demandando información personal que le es necesaria para cumplimentar algunos documentos. Sabemos que los datos están informatizados y puede tener acceso a ellos introduciendo un código en un terminal informático. Por lo tanto, como informador público:

a) Dejaremos que el cliente decida cómo actuar.
b) Nos acercaremos a él con la máxima profesionalidad para intentar ayudarle.
c) Esperaremos y solo si observamos algún error en el proceso, tomaremos la iniciativa.
d) Entablaremos una conversación intrascendente para ganarnos su confianza.

14. Para proporcionar un servicio de calidad que satisfaga a los clientes:

a) Se deben aplicar técnicas de escucha activa, feedback y reformulación.
b) La información debe ser ofrecida por más de un empleado.
c) La prioridad será mantener una buena imagen de la Administración.
d) El empleado público se mantendrá indiferente a las necesidades del ciudadano.

15. Un visitante te pregunta por una determinada unidad; le facilitarás una información:

a) Totalmente detallada recurriendo incluso al color de las puertas.
b) Clara y sucinta.

c) Que incluya un croquis de las dependencias por donde debe pasar antes de llegar a la unidad.

d) Que indique el recorrido pero advirtiéndole que existen suficientes rótulos indicadores de las unidades o servicios.

16. Los clientes poseen diferentes personalidades y por ello tienen diferentes características. Así, debemos saber que el cliente que avasalla e insulta pertenece al tipo:

a) Hablador.
b) Excitable.
c) Inquisitivo.
d) Irrazonable.

17. El comportamiento agresivo:

a) Se refleja físicamente por el movimiento continuo de manos y brazos.
b) Se da cuando una persona se enfrenta a otra físicamente.
c) Se da cuando la persona afirma claramente, se expresa con franqueza y de manera constructiva.
d) Se da cuando una persona siente temor a actuar de forma agresiva.

18. La diferencia entre una reclamación y una queja es que la primera:

a) Expresa desacuerdo con el trato personal.
b) Expresa insatisfacción con el contenido dado a la demanda.
c) Se basa en una percepción subjetiva que no afecta a todos los clientes por igual.
d) Informa sobre cómo es percibida la calidad de los servicios por los ciudadanos.

19. ¿Cuál de los siguientes elementos básicos de la comunicación se refiere al lenguaje en el que emitimos el mensaje?

a) El emisor.
b) El receptor.
c) El canal.
d) El código.

20. No ayuda a la comunicación:

a) La escucha activa.
b) El feedback.
c) La reformulación (fenómeno eco).
d) Utilizar un lenguaje lo más técnico posible.

21. No ayuda a una escucha activa:

a) Estar preparado sobre el tema de que se trata.
b) Escuchar y resumir las ideas básicas.

c) Repetir en esencia lo que ha dicho el interlocutor.
d) No preguntar.

22. No es cierto que el feedback (retroalimentación) en la comunicación:

a) Consiste en facilitar a nuestro interlocutor información sobre cómo hemos percibido o entendido lo que nos está comunicando.
b) Consiste en dejar que el otro hable, escuchar atentamente y callar.
c) Puede referirse no solo a la recepción del mensaje sino a expresar de forma verbal el impacto emocional del mismo.
d) Aclara las relaciones entre personas y ayuda a comprender mejor al otro.

23. Es un fallo en la comunicación:

a) Entender lo que queremos entender.
b) Establecer un clima agradable.
c) Estar dispuestos a oír a la otra persona en sus propios términos.
d) Ser comprensivo con las circunstancias del interlocutor.

24. No es una causa de fallos en la comunicación:

a) Entender lo que queremos entender.
b) Nuestro estado emocional condicionador de lo que queremos decir.
c) Estar a la defensiva.
d) Vocalizar al hablar.

25. No ayuda a mejorar nuestra comunicación cuando hablamos:

a) Organizar nuestro pensamiento.
b) Expresarnos con precisión.
c) Encerrar muchas ideas en un enunciado.
d) Hablar con naturalidad.

26. No ayuda a mejorar nuestra comunicación cuando escuchamos:

a) Que el interlocutor advierta que se pone voluntad e interés en entenderle.
b) Utilizar el feedback (retroalimentación).
c) Pensar en nuestras respuestas mientras escuchamos.
d) No evaluar ni prejuzgar.

27. El peón o personal de oficios que recibe una reclamación de un cliente:

a) Ha de negarse a recibirla.
b) Debe convencer al usuario para que no la presente.
c) Debe recibir cualquier tipo de reclamación que el usuario quiera presentar.
d) El cliente no puede realizar reclamaciones.

28. En relación con la comunicación no verbal, es falso que:

a) La quietud y el reposo son posturas de clara atención al interlocutor.

b) La quietud ha de ser rígida para mostrar que no se está deseando que el otro acabe de hablar.

c) Comunicamos constantemente nuestro estado emocional a través de inconscientes gestos.

d) Cuando hablamos, nuestra voz comunica una gran cantidad de información no incluida en los sonidos de las palabras que pronunciamos (el paralenguaje).

29. Es importante ofrecer una cálida acogida al ciudadano que llega a veces perdido. La acogida tiene cuatro partes, ¿cuál de las siguientes es incorrecta?

a) Recepción.

b) Saludo.

c) Ponernos a su disposición.

d) Continuar con lo que estábamos haciendo.

30. Señalar la respuesta incorrecta. La escucha física es una técnica que:

a) Permite tranquilizar y relajar el ánimo del cliente.

b) Utiliza el lenguaje verbal.

c) Refleja la actitud de estar al servicio del cliente.

d) Transmite interés por el problema.

31. Es importante que la voz del peón o personal de oficios al teléfono para atender al usuario sea:

a) Clara, monótona y agresiva.

b) Apagada, natural y agradable.

c) Regresiva, con silencios.

d) Agradable, clara y armónica.

32. Señalar la opción incorrecta. Cuando el peón o personal de oficios realiza una llamada debe seguir los pasos que se indican a continuación:

a) Saludar.

b) Mantener al usuario en espera.

c) Justificar la llamada.

d) Aplicar la técnica de escucha activa.

33. La atención personalizada al ciudadano no comprende la función de:

a) Recepción y acogida a los ciudadanos.

b) Orientación e información.

c) Gestión.
d) Enjuiciamiento.

34. La escucha activa:

a) Es un conjunto de acciones no verbales destinadas a la consecución de una escucha positiva.
b) Es una comunicación bidireccional.
c) Es el objeto de acciones verbales destinadas a la consecución de una escucha óptima.
d) Es el conjunto de acciones verbales y no verbales destinadas a la consecución de una escucha óptima.

35. El feedback significa:

a) Alimentación verbal.
b) Impacto emocional.
c) Retroalimentación.
d) Escucha óptima.

36. La medida preventiva de seguridad que consiste en la supervisión y regulación del tránsito de personas, vehículos y objetos a través de una o varias zonas de un edificio público, se llama:

a) Apertura de instalaciones.
b) Control de accesos.
c) Acreditación de visitantes.
d) Identificación automática.

37. El principal objetivo del control de accesos es:

a) Obtener información de cuántas personas acceden al edificio diariamente.
b) La información al ciudadano sobre el lugar al que se ha de dirigir.
c) Minimizar o descartar riesgos de seguridad derivados de entradas y salidas no autorizadas.
d) Favorecer el uso de la administración electrónica.

38. Los distintos sistemas de control de accesos vienen clasificados en la norma UNE-108-230-86, en dos grupos:

a) Sistemas de control de accesos manuales y sistemas de control de accesos mecánicos.
b) Sistemas de control de accesos de entrada y sistemas de control de accesos de salida.
c) Sistemas de control de accesos simples y sistemas de control de accesos complejos.
d) Sistemas de control de accesos de personas y sistemas de control de accesos de objetos.

39. Cuando se exige algún tipo de credencial para acceder al interior de un edificio, la forma de control de accesos será:

a) Regulación del tránsito.
b) Recepción de personas visitantes y usuarios.
c) Registro de movimientos.
d) Apertura de puertas.

40. ¿Cuál de los siguientes es un sistema de credencial material?

a) La huella digital.
b) La cerradura de combinación.
c) El iris de los ojos.
d) La tarjeta de control.

41. ¿Cuál de los siguientes es un sistema credencial de conocimientos?

a) La voz.
b) Los emisores de radiofrecuencia.
c) La cerradura de combinación.
d) La llave magnética.

42. De entre los siguientes sistemas de credenciales, señala cuál es de conocimiento:

a) Emisor de infrarrojos.
b) Tarjeta holográfica.
c) Teclado digital.
d) Geometría de la mano.

43. ¿Cuál de los siguientes es un sistema de credencial personal?

a) Rasgos faciales.
b) Escritura.
c) Emisor de ultrasonido.
d) Llave mecánica.

44. De los siguientes términos, ¿cuál define a los elementos tipo portillos motorizados o pasillos automatizados que se colocan en los puntos de acceso que se utilizan como entrada a los edificios para canalizar la entrada por los lugares indicados y restringir el paso para que solo sea utilizado por personas autorizadas?

a) Alarmas.
b) Tornos.
c) Conserjería.
d) Garitas.

45. De las siguientes opciones, señala la incorrecta en relación al control de accesos de objetos:

a) Los encargados del control de entrada y salida podrán comprobar, cuando así se les encomiende, el contenido de los bultos o paquetes sospechosos que el personal o los usuarios del servicio entren o saquen de los locales.

b) Deben declararse a la entrada los objetos que a la salida pudieran dar lugar a dudas sobre la licitud de su tenencia.

c) No se permitirá la salida de ningún objeto o material de servicio que no haya sido declarado a la entrada, aunque tenga autorización.

d) Cuando por obras, u otra causa, alguna dependencia precise dar salida a un considerable volumen de objetos o material, deberá participarlo al personal de control de entrada y salida para su debido control.

46. El arco detector de metales no es válido para detectar:

a) Herramientas.
b) Drogas.
c) Artefactos explosivos.
d) Armas.

47. El sistema de control de acceso de vehículos puede utilizarse en zonas de aparcamiento exclusivas del organismo y, generalmente, con capacidad para al menos:

a) 10 vehículos.
b) 30 vehículos.
c) 50 vehículos.
d) 100 vehículos.

48. A la hora de distinguir los rasgos más importantes para describir a una persona, se considera una característica especial:

a) La edad.
b) La raza.
c) La forma de la cara.
d) El sexo.

49. No forma parte de la función de apertura de edificios:

a) Gestionar el servicio de guardarropas.
b) Inspeccionar visualmente los elementos estructurales de acceso exteriores.
c) Desconectar el sistema de alarma.
d) Encender las luces principales del edificio.

50. No es cierto que la ronda de seguridad:

a) Incluya verificar el estado general de las instalaciones en materia de seguridad.
b) Se puede realizar en cualquier momento de la jornada.
c) Se realice recorriendo planta a planta, inspeccionando y asegurando cada una de ellas.
d) Incluya comprobar el correcto funcionamiento de los equipos y sistemas de detección y alarma.

51. Las áreas sensibles de un edificio de un organismo público son aquellas zonas, salas o despachos que, por circunstancias concretas, requieran de una atención de seguridad específica. Se consideran como tales:

a) Las plantas más altas del edificio.
b) Las áreas administrativas.
c) Los salones de actos.
d) Las salas de cuartos de máquinas e instalaciones.

52. Señala, de las siguientes, cuál es la opción incorrecta en relación con la inspección de los despachos de dirección y altos cargos:

a) La inspección se realizará todos los días a partir de la finalización del horario laboral normalizado, cuando la dirección o alto cargo y su secretaria o secretario hayan abandonado el edificio.
b) Se comprobará que el despacho esté cerrado; en el caso de que esté abierto, se comprobará la presencia e identidad de quien permanezca en su interior.
c) Si hubiera alguien en el interior, a la salida se cerrarán las puertas y se registrará el hecho como incidencia en el libro oficial de incidencias o aplicación informática correspondiente.
d) Aunque las puertas de los despachos estén cerradas o no se detecten irregularidades desde el exterior, durante la inspección de la ronda de seguridad se deberá entrar para cerciorarse de que todo está correcto en el interior.

53. La puesta en marcha de instalaciones por parte del personal peón o personal de oficios comprende la puesta a punto y en servicio de… (Señala la opción incorrecta):

a) La calefacción o refrigeración de la sala.
b) Los ordenadores de los distintos puestos administrativos.
c) Los sistemas de ventilación exterior y/o interior.
d) La iluminación artificial y/o natural.

54. Son elementos de las instalaciones de climatización:

a) Los equipos de alumbrado de emergencia.
b) Los sistemas de prevención de sobretensiones y protección con pararrayos.
c) Las motobombas.
d) Los sistemas de abastecimiento de agua contra incendios.

55. Señala la opción correcta relacionada con la función de custodia y control de llaves:

a) La custodia y control de llaves de cualquier edificio de un organismo público es responsabilidad del personal peón o personal de oficios.

b) Las llaves son para uso exclusivo del personal peón o personal de oficios, no pudiendo cederse temporalmente bajo ningún concepto a otras personas del centro o ajenas al mismo.

c) Cualquier persona del centro podrá solicitar el uso y disfrute de copias de las llaves de las dependencias en las que trabaje.

d) El peón o personal de oficios encargado de la custodia y control de llaves del edificio registrará en el libro oficial de registro o aplicación informática los movimientos de llaves, entrega y recogida solicitadas por personal laboral y contratas externas autorizadas por la administración del edificio.

Solución al test n.º 5

1. b) Competir con él.

2. c) Mantenerse firme y a distancia.

3. d) No es conveniente aplicar en esta situación la escucha activa.

4. a) Comportamiento asertivo.

5. d) Esforzarnos en ser positivos en nuestras respuestas.

6. d) Dando a entender al cliente que queremos saber si entendemos adecuadamente su mensaje.

7. c) Utilizaremos explicaciones de carrerilla, para no ser desigual con otros clientes.

8. c) Los ciudadanos quieren creer lo que les decimos.

9. a) Miraremos al ciudadano directamente. Esto implica que prestamos toda nuestra atención a la conversación con el cliente.

10. a) Primero la persona, después el problema. Primero los sentimientos, después los hechos.

11. c) Dejar hablar y escuchar.

12. c) Aportar conocimientos técnicos.

13. b) Nos acercaremos a él con la máxima profesionalidad para intentar ayudarle.

14. a) Se deben aplicar técnicas de escucha activa, feedback y reformulación.

15. b) Clara y sucinta.

16. b) Excitable.

17. a) Se refleja físicamente por el movimiento continuo de manos y brazos.

18. b) Expresa insatisfacción con el contenido dado a la demanda.

19. d) El código.

20. d) Utilizar un lenguaje lo más técnico posible.

21. d) No preguntar.

22. b) Consiste en dejar que el otro hable, escuchar atentamente y callar.

23. a) Entender lo que queremos entender.

24. d) Vocalizar al hablar.

25. c) Encerrar muchas ideas en un enunciado.

26. c) Pensar en nuestras respuestas mientras escuchamos.

27. c) Debe recibir cualquier tipo de reclamación que el usuario quiera presentar.

28. b) La quietud ha de ser rígida para mostrar que no se está deseando que el otro acabe de hablar.

29. d) Continuar con lo que estábamos haciendo.

30. b) Utiliza el lenguaje verbal.

31. d) Agradable, clara y armónica.

32. b) Mantener al usuario en espera.

33. d) Enjuiciamiento.

34. d) Es el conjunto de acciones verbales y no verbales destinadas a la consecución de una escucha óptima.

35. c) Retroalimentación.

36. b) Control de accesos.

37. c) Minimizar o descartar riesgos de seguridad derivados de entradas y salidas no autorizadas.

38. d) Sistemas de control de accesos de personas y sistemas de control de accesos de objetos.

39. a) Regulación del tránsito.

40. d) La tarjeta de control.

41. c) La cerradura de combinación.

42. c) Teclado digital.

43. a) Rasgos faciales.

44. b) Tornos.

45. c) No se permitirá la salida de ningún objeto o material de servicio que no haya sido declarado a la entrada, aunque tenga autorización.

46. b) Drogas.

47. a) 10 vehículos.

48. c) La forma de la cara.

49. a) Gestionar el servicio de guardarropas.

50. b) Se puede realizar en cualquier momento de la jornada.

51. d) Las salas de cuartos de máquinas e instalaciones.

52. d) Aunque las puertas de los despachos estén cerradas o no se detecten irregularidades desde el exterior, durante la inspección de la ronda de seguridad se deberá entrar para cerciorarse de que todo está correcto en el interior.

53. b) Los ordenadores de los distintos puestos administrativos.

54. c) Las motobombas.

55. d) El peón o personal de oficios encargado de la custodia y control de llaves del edificio registrará en el libro oficial de registro o aplicación informática los movimientos de llaves, entrega y recogida solicitadas por personal laboral y contratas externas autorizadas por la administración del edificio.

TEST N.º 6

Conceptos básicos y subsanación de pequeñas averías, tales como cisternas, enchufes, grifos y bombillas etc

1. ¿Cuál es una de las funciones asignadas al conserje en relación con las instalaciones del centro de trabajo?

a) Ejecutar todas las reparaciones técnicas.
b) Velar por el buen estado y funcionamiento de las cosas.
c) Sustituir al personal de mantenimiento cuando sea necesario.
d) Elaborar informes técnicos de revisión de instalaciones.

2. ¿Qué requiere la tarea de revisión por parte del conserje?

a) Solo conocer la ubicación de los objetos.
b) Hacer visitas regulares sin plan establecido.
c) Tener un conocimiento mínimo del funcionamiento de mobiliario, máquinas e instalaciones.
d) Poseer formación técnica avanzada.

3. ¿Qué es el alicatado?

a) Revestimiento continuo con pintura.
b) Cubierta exterior de madera decorativa.
c) Técnica de refuerzo estructural con cemento armado.
d) Revestimiento cerámico con azulejos sobre paredes.

4. ¿Cuál es la principal diferencia entre yeso negro y yeso blanco?

a) El yeso negro se usa en trabajos bastos, el blanco en acabados finos.
b) El blanco contiene más impurezas que el negro.
c) El negro es más fino y se usa en molduras.
d) Ambos tienen el mismo uso, pero diferente color.

5. ¿Qué tipo de humedad afecta a los muros por ascenso desde los cimientos?

a) Humedad por condensación.
b) Humedad capilar.
c) Humedad de infiltración.
d) Humedad por condensación inversa.

6. ¿Qué reparación requiere utilizar listones de madera para mantener la rectitud del ángulo?

a) Tapado de agujeros.
b) Reparación de grietas.
c) Recuperación de esquinas.
d) Sustitución de falso techo.

7. ¿Qué tipo de grietas puede reparar el personal no técnico como el conserje?

a) Todas las grietas del edificio.
b) Las que afecten a los elementos estructurales.
c) Las grietas arquitectónicas de tipo estético.
d) Las que atraviesen tabiques maestros.

8. ¿Cuál es el procedimiento correcto para tapar un agujero grande en la pared?

a) Rellenarlo solo con yeso.
b) Pintarlo sin cubrirlo.
c) Introducir un soporte (ladrillo, papel humedecido, etc.) antes de aplicar el revoque.
d) Aplicar directamente masilla sobre la pintura.

9. ¿Qué herramienta se utiliza para nivelar una baldosa al reponerla?

a) Brocha de pelo suave.
b) Cúter o cuchilla.
c) Regla de madera.
d) Llave inglesa.

10. ¿Cuál es el tratamiento más eficaz para evitar la filtración de agua en puertas y ventanas?

a) Pintar el marco con barniz impermeable.
b) Colocar burletes de goma.
c) Revestir con alicatado cerámico.
d) Extender masillas selladoras en las juntas de unión.

11. ¿Qué misión tienen los sifones en una instalación de fontanería?

a) Aumentar la presión del agua en las tuberías.
b) Controlar la temperatura de salida del agua.
c) Filtrar impurezas y evitar malos olores.
d) Regular la velocidad de evacuación del agua.

12. ¿Qué material es el más habitual en la red de desagüe de un edificio?

a) Hierro negro.
b) Cobre.
c) PVC.
d) Plomo.

13. ¿Qué debe hacerse antes de reparar un grifo que gotea?

a) Desenroscar directamente el grifo.
b) Cerrar la llave de paso y abrir el grifo al máximo.
c) Limpiar el grifo con disolvente.
d) Aplicar silicona en la zapata.

14. ¿Qué material se recomienda para sellar una rosca de grifo durante una reparación?

a) Goma.
b) Estopa humedecida.
c) Cinta de teflón.
d) Silicona caliente.

15. ¿Cuál es una desventaja de las tuberías de PVC en ambientes fríos?

a) Se vuelven rígidas y más sensibles a los golpes.
b) Aumentan el riesgo de oxidación.
c) Pierden estanqueidad.
d) Se dilatan y sueltan las juntas.

16. ¿Qué tipo de grifo permite regular temperatura y caudal con una sola palanca?

a) Grifo mezclador de pomo doble.
b) Grifo sencillo.
c) Grifo monomando.
d) Grifo termostático.

17. ¿Qué se utiliza como solución provisional ante una fuga en una tubería de agua?

a) Cubrir con masilla epóxica.
b) Introducir una varilla de cobre.

c) Fijar una tira de goma con abrazaderas o alambre.
d) Insertar una junta de PVC en el interior del tubo.

18. ¿Qué ocurre si la red de evacuación de un edificio no está conectada correctamente a cada aparato?

a) Se reduce el caudal del agua caliente.
b) Puede provocar el retorno de malos olores en las viviendas.
c) Se bloquea la red de agua fría.
d) Se desborda la cisterna del inodoro.

19. ¿Qué se debe hacer ante un tramo congelado de tubería?

a) Aplicar una lámpara de calor directamente sobre el tubo.
b) Golpear suavemente la zona congelada.
c) Abrir el grifo más próximo y calentar progresivamente la tubería.
d) Inyectar aire comprimido por la tubería.

20. ¿Qué accesorio debe revisarse si hay malos olores persistentes en el baño?

a) El fluxor.
b) La cisterna.
c) El sifón.
d) El cartucho cerámico.

21. ¿Cómo se comportan los electrones en la corriente alterna?

a) Se desplazan en línea recta desde un polo al otro.
b) Cambian de polaridad de forma aleatoria.
c) Oscilan de un lado al otro de su posición fija.
d) Giran en espiral en el interior del conductor.

22. ¿Cuál es la dirección del flujo de corriente continua según convenio?

a) De negativo a positivo.
b) En doble sentido alterno.
c) Del polo positivo al negativo.
d) Cambiante según el circuito.

23. ¿Qué precaución debe tomarse para evitar la electricidad estática en ambientes inflamables?

a) Pintar todas las superficies con pintura aislante.
b) Mantener la humedad relativa del aire sobre el 50 %.
c) Usar lámparas fluorescentes.
d) Incrementar la temperatura ambiente.

24. ¿Qué tipo de lámpara es más eficiente energéticamente y tiene mayor duración?

a) Incandescente.
b) Halógena.
c) Bombilla ahorradora.
d) Fluorescente estándar.

25. ¿Qué elemento de una luminaria modela la dirección del flujo de luz?

a) Difusor.
b) Armadura.
c) Reflector.
d) Filtro.

26. ¿Qué aparato mide la intensidad de corriente eléctrica en amperios?

a) Multímetro.
b) Amperímetro.
c) Voltímetro.
d) Osciloscopio.

27. ¿Qué ocurre durante un cortocircuito?

a) Se eleva la resistencia del circuito.
b) Se reduce el voltaje sin consecuencias.
c) Se anula la resistencia y se incrementa peligrosamente la intensidad.
d) La corriente se vuelve alterna de forma espontánea.

28. ¿Cuál es la función principal del diferencial?

a) Controlar el consumo eléctrico.
b) Medir el voltaje de la instalación.
c) Proteger a las personas de derivaciones eléctricas.
d) Regular la tensión de entrada.

29. ¿Qué ocurre si el interruptor diferencial se dispara repetidamente?

a) Es señal de que necesita ser reemplazado.
b) Hay una avería o derivación que debe localizarse antes de reconectarlo.
c) El ICP debe apagarse temporalmente.
d) El IGA debe reactivarse.

30. ¿Cuál es la principal función del Interruptor General Automático (IGA)?

a) Medir la intensidad del circuito.
b) Sustituir al diferencial.

153

c) Verificar la energía contratada.
d) Proteger el cableado de la instalación de sobrecargas y cortocircuitos.

31. ¿Qué componente principal caracteriza a la pintura al temple?

a) Resinas acrílicas y sintéticas.
b) Yeso (sulfato cálcico) o blanco de España (carbonato cálcico).
c) Disolventes volátiles.
d) Cemento blanco y aceites naturales.

32. ¿Qué técnica de aplicación de pintura al temple genera un efecto de relieve o granulado?

a) Temple liso.
b) Gotelé aplastado.
c) Temple picado.
d) Gotelé vinílico.

33. ¿Qué propiedad fungicida tienen las pinturas al temple?

a) Protegen contra la oxidación del soporte.
b) Aumentan la durabilidad en exteriores.
c) Impiden la aparición de mohos.
d) Evitan la absorción de humedad del ambiente.

34. ¿Qué tipo de acabado NO se menciona entre los de la pintura plástica?

a) Mate.
b) Satinado.
c) Brillante.
d) Texturado.

35. ¿Qué disolvente se utiliza en los esmaltes acrílicos?

a) Aguarrás.
b) White spirit.
c) Agua.
d) Alcohol etílico.

36. ¿Qué efecto tiene añadir más disolvente a un esmalte brillante?

a) Incrementa el tiempo de secado.
b) Disminuye su brillo.
c) Mejora su adherencia.
d) Cambia su color a tonos más claros.

37. ¿Cuál es la principal diferencia entre disolvente y diluyente?

a) El disolvente solo sirve para limpiar los utensilios.
b) El diluyente se usa exclusivamente para barnices.
c) El disolvente se usa en la fabricación y el diluyente en la aplicación.
d) Ambos se utilizan indistintamente sin distinción técnica.

38. ¿Qué medida debe tomarse al usar decapantes sobre muebles con herrajes metálicos?

a) Proteger los herrajes con cinta adhesiva.
b) Pintarlos antes de aplicar el decapante.
c) Rociarlos con agua después del uso.
d) Retirarlos, ya que el decapante puede dañarlos.

39. ¿Qué problema aparece si se carga en exceso el pincel o no se respetan los tiempos entre capas?

a) Cuarteado.
b) Arrugas en la pintura.
c) Manchas de humedad.
d) Pérdida de brillo.

40. ¿Cuál es la solución al problema de cuarteado en la pintura?

a) Añadir más pintura en una sola capa.
b) Eliminar la parte afectada, lijar y aplicar varias capas finas.
c) Cubrir directamente con pintura plástica.
d) Dejar secar al sol para endurecer la superficie.

41. ¿Qué herramienta se utiliza para realizar el abocardado o avellanado en madera?

a) Formón de precisión.
b) Broca especial llamada avellanador.
c) Lima de rebaje.
d) Sierra de calar.

42. ¿Qué característica presenta el contrachapado náutico?

a) Es resistente al agua, vapor, hongos y cambios de temperatura.
b) Se fabrica siempre con tres capas de chapa.
c) Tiene peor calidad en ambas caras.
d) Solo sirve para interiores decorativos.

43. ¿Cuál es la finalidad del triscado en los dientes del serrucho?

a) Hacer cortes más precisos y lentos.
b) Evitar que el serrucho se atasque durante el corte.
c) Cortar metales blandos.
d) Mantener afilados los dientes.

44. ¿Qué material se emplea preferentemente en persianas que requieren gran resistencia exterior?

a) PVC.
b) Madera barnizada.
c) Aluminio extrusionado.
d) Aluminio laminado.

45. ¿Qué parte de la puerta es la encargada de colgar la hoja del cerco?

a) Cerco.
b) Hoja.
c) Tapajuntas.
d) Herrajes de colgar.

46. ¿Qué tipo de ventana es especialmente útil cuando no hay espacio para abrir hojas hacia dentro o fuera?

a) Corredera.
b) Practicable.
c) Oscilo-batiente.
d) Plegable.

47. ¿Qué defecto en la madera se produce por la separación de anillos de crecimiento, provocando agrietamiento?

a) Pasmo.
b) Tumores.
c) Recalentado.
d) Acebolladura.

48. ¿Cuál es el primer paso para tratar una superficie afectada por carcoma?

a) Aplicar directamente la masilla.
b) Limpiar y descamar la madera.
c) Cubrir la zona con laca protectora.
d) Pintar con barniz fungicida.

49. ¿Qué método se utiliza para reencolar un marco sin desmontarlo completamente?

a) Utilizar clavos de anclaje.
b) Usar cola muy diluida en agua o en spray.
c) Atornillar desde el exterior.
d) Aplicar calor para fundir el adhesivo.

50. ¿Qué procedimiento se recomienda para sustituir una lámina rota de persiana?

a) Cortar directamente la lámina.
b) Atornillar la nueva encima de la rota.
c) Desmontar las láminas hasta llegar a la defectuosa.
d) Pegar la nueva lámina con silicona.

51. ¿Qué tipo de caldera se utiliza exclusivamente para agua caliente sanitaria?

a) Caldera de condensación.
b) Caldera eléctrica.
c) Calentador.
d) Termoacumulador.

52. ¿Cuál es la misión de los purgadores en una instalación de calefacción?

a) Expulsar el aire acumulado en el circuito.
b) Regular el caudal de agua hacia los radiadores.
c) Mantener la presión constante del sistema.
d) Detectar fugas de gas.

53. ¿Qué debe hacerse si se necesita rellenar el circuito de calefacción?

a) Hacerlo cuando el sistema esté en funcionamiento.
b) Solo si la caldera está encendida.
c) Rellenarlo con agua caliente para evitar contrastes térmicos.
d) Rellenarlo en frío para evitar daños.

54. ¿Cuál es la temperatura máxima a la que pueden funcionar los radiadores de agua?

a) 70 ºC.
b) 90 ºC.
c) 100 ºC.
d) 120 ºC.

55. ¿Qué efecto puede tener una llama de encendido que se apaga en una caldera de gas?

a) El termopar corta el suministro de agua.
b) El termostato se reinicia automáticamente.

c) El circuito se llena de aire.
d) La bomba de aceleración se detiene.

56. ¿Qué sistema de producción de ACS permite demandas simultáneas más elevadas?

a) Sistema instantáneo.
b) Termo de paso.
c) ACS por acumulación.
d) Intercambiador directo.

57. ¿Qué puede provocar un ruido tipo gorgoteo en un radiador?

a) Presencia de aire en el interior.
b) Fuga de agua en el circuito.
c) Exceso de presión.
d) Obstrucción por cal.

58. ¿Qué material se puede usar para reparar una pequeña fuga en un radiador?

a) Junta de goma.
b) Parche de PVC.
c) Masilla epoxi o silicona.
d) Alambre galvanizado.

59. ¿Cuál es la temperatura ideal del agua caliente sanitaria para evitar mezclas con agua fría?

a) 32–35 ºC.
b) 37–42 ºC.
c) 45–50 ºC.
d) 55–60 ºC.

60. ¿Qué debe evitarse al limpiar radiadores?

a) Utilizar paños secos.
b) Usar productos abrasivos.
c) Hacerlo con el sistema en frío.
d) Pasar un aspirador por los paneles.

Solución al test n.º 6

1. b) Velar por el buen estado y funcionamiento de las cosas.

2. c) Tener un conocimiento mínimo del funcionamiento de mobiliario, máquinas e instalaciones.

3. d) Revestimiento cerámico con azulejos sobre paredes.

4. a) El yeso negro se usa en trabajos bastos, el blanco en acabados finos.

5. b) Humedad capilar.

6. c) Recuperación de esquinas.

7. c) Las grietas arquitectónicas de tipo estético.

8. c) Introducir un soporte (ladrillo, papel humedecido, etc.) antes de aplicar el revoque.

9. c) Regla de madera.

10. d) Extender masillas selladoras en las juntas de unión.

11. c) Filtrar impurezas y evitar malos olores.

12. c) PVC.

13. b) Cerrar la llave de paso y abrir el grifo al máximo.

14. c) Cinta de teflón.

15. a) Se vuelven rígidas y más sensibles a los golpes.

16. c) Grifo monomando.

17. c) Fijar una tira de goma con abrazaderas o alambre.

18. b) Puede provocar el retorno de malos olores en las viviendas.

19. c) Abrir el grifo más próximo y calentar progresivamente la tubería.

20. c) El sifón.

21. c) Oscilan de un lado al otro de su posición fija.

22. c) Del polo positivo al negativo.

23. b) Mantener la humedad relativa del aire sobre el 50 %.

24. c) Bombilla ahorradora.

25. c) Reflector.

26. b) Amperímetro.

27. c) Se anula la resistencia y se incrementa peligrosamente la intensidad.

28. c) Proteger a las personas de derivaciones eléctricas.

29. b) Hay una avería o derivación que debe localizarse antes de reconectarlo.

30. d) Proteger el cableado de la instalación de sobrecargas y cortocircuitos.

31. b) Yeso (sulfato cálcico) o blanco de España (carbonato cálcico).

32. c) Temple picado.

33. c) Impiden la aparición de mohos.

34. d) Texturado.

35. c) Agua.

36. b) Disminuye su brillo.

37. c) El disolvente se usa en la fabricación y el diluyente en la aplicación.

38. d) Retirarlos, ya que el decapante puede dañarlos.

39. b) Arrugas en la pintura.

40. b) Eliminar la parte afectada, lijar y aplicar varias capas finas.

41. b) Broca especial llamada avellanador.

42. a) Es resistente al agua, vapor, hongos y cambios de temperatura.

43. b) Evitar que el serrucho se atasque durante el corte.

44. c) Aluminio extrusionado.

45. d) Herrajes de colgar.

46. a) Corredera.

47. d) Acebolladura.

48. b) Limpiar y descamar la madera.

49. b) Usar cola muy diluida en agua o en spray.

50. c) Desmontar las láminas hasta llegar a la defectuosa.

51. c) Calentador.

52. a) Expulsar el aire acumulado en el circuito.

53. d) Rellenarlo en frío para evitar daños.

54. b) 90 ºC.

55. a) El termopar corta el suministro de agua.

56. c) ACS por acumulación.

57. a) Presencia de aire en el interior.

58. c) Masilla epoxi o silicona.

59. b) 37–42 ºC.

60. b) Usar productos abrasivos.

TEST N.º 7

Manejo de máquinas fotocopiadoras, multicopistas y otras máquinas de oficina (scanner, encuadernadora, grapadora, destructora de papel, guillotina, taladradoras, etc.)

1. Para horadar o perforar hojas con objeto de introducirlas en archivadores AZ, utilizaremos:

a) La ensobradora.
b) La guillotina.
c) La taladradora.
d) La cizalla.

2. ¿Qué tipo de escáner se utiliza para escanear elementos frágiles?

a) De rodillo.
b) De tambor.
c) De cama plana.
d) Cenital.

3. Son máquinas reproductoras:

a) Las guillotinadoras.
b) Las encuadernadoras.
c) Los escáneres.
d) Las plastificadoras.

4. Las fotocopiadoras electroestáticas se caracterizan porque:

a) Usan papel normal.
b) El documento original es barrido por un rayo de luz intensa que proyecta la imagen sobre un tambor por donde se distribuye el tóner, que adhiriéndose a la zona donde hay imagen, reproduce el original.
c) La imagen se transfiere al papel que, al calentarse, fija el pigmento sobre la copia.
d) La imagen a reproducir se proyecta directamente sobre el papel especial cuya superficie queda sensibilizada con cargas eléctricas.

5. La medida 420 x 297 mm corresponde a un:

a) A3.
b) A4.
c) B5.
d) B1.

6. En la fase de calentamiento de la fotocopiadora, ¿pueden realizarse copias?

a) Únicamente en las fotocopiadoras profesionales.
b) Sí.
c) No.
d) A veces se pueden realizar en las fotocopiadoras personales.

7. El fax funciona a través de:

a) La línea eléctrica.
b) La línea telefónica.
c) El módem.
d) Ondas de radio.

8. Si vamos a realizar fotocopias sin servirnos del alimentador recirculante de originales, ¿cómo dejaremos la cubierta superior de la máquina?

a) Preferiblemente abierta.
b) Cerrada.
c) Necesariamente abierta.
d) Si la cubierta superior no está cerrada, la máquina no funciona.

9. ¿Qué máquinas hacen al papel inservible e ilegible?

a) Las máquinas destructoras.
b) Las máquinas fresadoras.
c) Las taladradoras.
d) Las cizallas.

10. De las siguientes, es una impresora de impacto:

a) La impresora láser.
b) La impresora multifunción.
c) La impresora de inyección de tinta.
d) La impresora de margarita.

11. Las encuadernadoras:

a) Son máquinas capaces de obtener una copia exacta de un documento original mediante un proceso electrostático.
b) Son máquinas cuya función es la destrucción de papel, de forma que quede absolutamente inservible e ilegible.

c) Se utilizan para ordenar y presentar adecuadamente los documentos, clasificándolos e incorporándoles portadas.

d) Se utilizan para plastificar documentos, con objeto de preservarlos de manchas o del deterioro.

12. La plancha tipográfica en la que se ha reproducido una composición o un grabado para su posterior impresión, se llama:

a) Tóner.
b) Reset.
c) Starter.
d) Cliché.

13. El tóner es:

a) La "tinta" de la fotocopiadora.
b) El alimentador de la fotocopiadora.
c) El sistema de transporte de la fotocopiadora.
d) El tono de impresión requerido para una copia.

14. El "canutillo" es un tipo de:

a) Grapado.
b) Encuadernado.
c) Plastificado.
d) Franqueado.

15. La resma es:

a) Un tipo de papel.
b) Una medida tradicional para contar hojas de papel.
c) Un formato de papel.
d) El papel sobrante después del guillotinado.

16. Los escáneres de las fotocopiadoras son del tipo:

a) Escáneres de rodillo.
b) Escáneres de mano.
c) Escáneres cenitales.
d) Escáneres de cama plana.

17. ¿Qué impresora contiene una esfera con varios caracteres que gira hasta posicionar el carácter pretendido en frente de un pequeño martillo?

a) Impresora de margarita.
b) Impresora de agujas.

c) Impresora láser.
d) Impresora de línea.

18. ¿Qué tres colores utilizan las impresoras para hacer copias a color?

a) Negro, amarillo y cián.
b) Amarillo, cián y magenta.
c) Negro, cián y magenta.
d) Negro, blanco y magenta.

19. ¿Qué se entiende por reprografía?

a) Un conjunto de técnicas y medios para reproducir documentos e imágenes.
b) Un sistema de archivo digital.
c) Un método de envío de correos electrónicos.
d) Un tipo de escáner especializado.

20. ¿Qué tipo de fotocopiadora utiliza papel normal?

a) Electrostática.
b) Digital.
c) Xerográfica.
d) Térmica.

21. ¿Qué tipo de polvo se utiliza en las fotocopiadoras xerográficas?

a) Tóner.
b) Grafito.
c) Polvo de carbón.
d) Tinta líquida.

22. ¿Qué componente de la fotocopiadora es fotosensible?

a) El tóner.
b) El tambor giratorio.
c) El cristal de copia.
d) La bandeja de papel.

23. ¿Quién inventó la técnica de la xerografía?

a) Thomas Edison.
b) Alexander Graham Bell.
c) Chester Carlson.
d) Nikola Tesla.

24. ¿Qué tipo de fotocopiadoras requieren un papel especial?

a) Xerográficas.
b) Electrostáticas.
c) Digitales.
d) Térmicas.

25. ¿Qué avance significativo introdujo la empresa Canon en 1973?

a) Fotocopiadoras portátiles.
b) Fotocopiadoras a color.
c) Impresoras láser.
d) Escáneres multifunción.

26. ¿Cuál es la velocidad de copiado típica de las fotocopiadoras de oficina?

a) Menos de 10 copias por minuto.
b) Entre 12 y 40 copias por minuto.
c) Más de 100 copias por minuto.
d) Entre 50 y 70 copias por minuto.

27. ¿Cuál es la función de la tecla reiniciar en una fotocopiadora?

a) Encender la fotocopiadora.
b) Ajustar el brillo de las copias.
c) Devolver la máquina a su configuración predeterminada.
d) Apagar la fotocopiadora.

28. ¿Cuál es el componente encargado de transferir el tóner al papel?

a) La lámpara de exposición.
b) El cristal de copia.
c) El tambor.
d) El fusor.

29. ¿Cuál es el propósito del tóner reciclado?

a) Mejorar la calidad de la impresión.
b) Reducir el costo y el impacto ambiental.
c) Aumentar la velocidad de copiado.
d) Facilitar el mantenimiento de la fotocopiadora.

30. ¿Qué gas tóxico generan las fotocopiadoras?

a) Monóxido de carbono.
b) Ozono.

c) Dióxido de nitrógeno.
d) Amoníaco.

31. ¿Cuál es el primer paso al limpiar una fotocopiadora?

a) Apagar el interruptor principal.
b) Desenchufar la máquina.
c) Limpiar el cristal de copia.
d) Usar un paño seco.

32. ¿Qué deben evitar las personas al manejar tóner?

a) Usar guantes.
b) Exponerse a la luz solar.
c) Inhalar el polvo de tóner.
d) Limpiar con agua.

33. ¿Qué es una multicopista?

a) Una máquina que sirve para sacar copias de originales por procedimientos distintos a la fotografía o la imprenta.
b) Una impresora multifunción.
c) Una máquina fotográfica.
d) Un escáner avanzado.

34. ¿Qué tipo de máquina utiliza un original positivo escrito con tinta soluble en agua?

a) Ciclostilo.
b) Hectógrafo.
c) Multicopista digital.
d) Imprenta offset.

35. ¿Qué elemento es esencial para el funcionamiento de una multicopista?

a) Tóner.
b) Cliché.
c) Láser.
d) Cristal de exposición.

36. ¿Cuál es la ventaja principal del uso de multicopistas en centros educativos?

a) Mayor calidad de impresión.
b) Considerable ahorro económico ante elevadas tiradas de papel.
c) Menor necesidad de mantenimiento.
d) Mayor velocidad de impresión.

37. ¿Qué método de impresión utiliza planchas con zonas de imagen que sobresalen o en relieve?

a) Tipográfica.
b) Flexográfica.
c) Huecograbado.
d) Planográfica.

38. ¿Qué tipo de papel se utiliza en los clichés electrónicos de las multicopistas modernas?

a) Papel normal.
b) Papel fotográfico.
c) Papel cebolla.
d) Papel reciclado.

39. ¿Qué componente de una multicopista se utiliza para alinear las copias impresas en la bandeja de salida?

a) Tambor.
b) Cristal de exposición.
c) Placas laterales de salida del papel.
d) Panel de control.

40. ¿Qué debe hacerse primero al cargar el papel en una multicopista?

a) Abrir cuidadosamente la bandeja de alimentación del papel.
b) Ajustar las placas laterales de salida del papel.
c) Encender el interruptor principal.
d) Colocar el original en el cristal de exposición.

41. ¿Qué tecla se utiliza para iniciar una impresión estándar en una multicopista?

a) Tecla de prueba.
b) Tecla de parada.
c) Tecla de inicio.
d) Tecla de reinicio.

42. ¿Qué se debe hacer si el papel se ondula durante la carga en una multicopista?

a) Colocar el papel con el lado ondulado hacia abajo.
b) Ajustar las placas laterales.
c) Cambiar el tipo de papel.
d) Encender el interruptor principal.

43. ¿Cuál es la función de la palanca de bloqueo de la unidad de tambor en una multicopista?

a) Alinear las copias impresas.
b) Encender la máquina.
c) Extraer la unidad de tambor.
d) Ajustar la densidad de la imagen.

44. ¿Qué se recomienda hacer después de eliminar un atasco en una multicopista?

a) Apagar el interruptor principal.
b) Comprobar que están cerradas todas las puertas, cubiertas y unidades.
c) Reiniciar la máquina.
d) Cambiar el tipo de papel.

45. ¿Qué tipo de máquina se utiliza para hacer un cliché electrónico en las multicopistas modernas?

a) Una máquina de escribir.
b) Una máquina con el cliché en su interior, enrollado y con aspecto de "papel cebolla".
c) Una impresora láser.
d) Un escáner avanzado.

46. ¿Qué debe hacerse antes de utilizar un nuevo máster en una multicopista?

a) Limpiar el cristal de exposición.
b) Ajustar las placas laterales de salida del papel.
c) Retirar el rollo de máster usado.
d) Comprobar la densidad de la imagen.

47. ¿Cuál es la función de las aletas de alineación del papel en una multicopista?

a) Ajustar la densidad de la imagen.
b) Subir o bajar dependiendo del tipo de papel.
c) Encender la máquina.
d) Iniciar la impresión.

48. ¿Cuál es la función principal de una destructora de documentos?

a) Destruir documentos en papel de manera que queden inservibles e ilegibles.
b) Digitalizar documentos para archivarlos.
c) Imprimir documentos confidenciales.
d) Enviar documentos por fax.

49. ¿Cuál es una característica de las grapadoras eléctricas?

a) Son manuales y requieren fuerza para funcionar.
b) Unen hojas automáticamente al detectar el documento.

c) Utilizan adhesivos en lugar de grapas.
d) Solo pueden grapar hasta 10 hojas.

50. ¿Qué tipo de encuadernadora utiliza calor para unir las hojas?

a) Encuadernadora de espiral.
b) Encuadernadora de canutillo.
c) Termoencuadernadora.
d) Encuadernadora de rosetas.

51. ¿Qué tipo de papel no puede ser plegado por una máquina plegadora?

a) Papel vegetal o película.
b) Papel normal.
c) Papel reciclado.
d) Papel de colores.

52. ¿Cuál es la capacidad de las destructoras de documentos de oficina?

a) Solo pueden destruir una hoja a la vez.
b) Tienen una velocidad máxima de 3 metros por minuto.
c) Funcionan a velocidades entre 6 y 15 metros por minuto.
d) Solo destruyen papel discontinuo.

53. ¿Qué característica no corresponde a una impresora láser?

a) Produce texto en blanco y negro de alta calidad.
b) Tiene un costo alto por página.
c) Utiliza un tóner para imprimir.
d) El papel sale caliente después de la impresión.

54. ¿Qué función adicional puede tener una máquina plegadora?

a) Ensobrar documentos.
b) Destruir documentos.
c) Imprimir documentos.
d) Digitalizar documentos.

55. ¿Qué tipo de impresora es ideal para una oficina con una carga de trabajo alta?

a) Impresora láser.
b) Impresora de inyección de tinta.
c) Impresora matricial.
d) Impresora de margarita.

56. ¿Cuál es una ventaja del grapado con grapadora eléctrica?

a) Requiere menos grapas.
b) La máquina se activa automáticamente.
c) Utiliza adhesivo en lugar de grapas.
d) Puede grapar solo un máximo de 10 hojas.

57. ¿Qué método de encuadernación permite la inclusión de nuevas páginas?

a) Termoencuadernadora.
b) Encuadernadora de espiral o gusanillo.
c) Encuadernadora de fresado.
d) Encuadernadora de rosetas.

58. ¿Qué tipo de plastificación utiliza una máquina con rodillos que alcanzan alta temperatura?

a) Plastificación térmica.
b) Plastificación en frío.
c) Plastificación manual.
d) Plastificación de presión.

59. ¿Cuál es una característica de las máquinas franqueadoras modernas?

a) Solo funcionan con franqueo manual.
b) Permiten la estampación mecánica del franqueo.
c) Solo admiten cartas de hasta 100 gramos.
d) No requieren autorización para su uso.

60. ¿Qué método de encuadernación es conocido por su rapidez y perfecto acabado?

a) Encuadernadora de espiral.
b) Encuadernadora de canutillo.
c) Termoencuadernadora.
d) Encuadernadora de fresado.

61. ¿Qué tipo de impresora utiliza boquillas en el cabezal de impresión para emitir tinta?

a) Impresora de inyección de tinta.
b) Impresora láser.
c) Impresora matricial.
d) Impresora de margarita.

62. ¿Cuál es una característica de una máquina destructora con célula fotoeléctrica?

a) Detecta papel y se pone en funcionamiento automáticamente.
b) Solo destruye papel continuo.

c) Requiere operación manual para cada hoja.
d) No tiene retromarcha automática.

63. ¿Qué es el papel?

a) Una estructura obtenida sobre la base de fibras vegetales de celulosa.
b) Un producto sintético utilizado en impresión.
c) Un material hecho exclusivamente de pulpa reciclada.
d) Una tela utilizada en impresoras antiguas.

64. ¿Cuál es una de las principales propiedades mecánicas del papel?

a) Blancura.
b) Rigidez.
c) Brillo.
d) Opacidad.

65. ¿Qué tipo de papel se utiliza para fabricar cajas de cartón corrugado?

a) Papel de impresión.
b) Papel para corrugar.
c) Papel tisú.
d) Papel verjurado.

66. ¿Cuál es el tamaño estándar del papel A4?

a) 841×594 mm.
b) 594×420 mm.
c) 420×297 mm.
d) 297×210 mm.

67. ¿Qué significa la etiqueta "Totally Chlorine Free" (TCF) en el papel?

a) Que el papel ha sido reciclado al 100 %.
b) Que el papel es completamente blanco.
c) Que el papel ha sido fabricado sin cloro.
d) Que el papel es resistente al agua.

68. ¿Qué tipo de papel se utiliza principalmente para libros y cuadernos?

a) Papel de impresión y escritura.
b) Papel tisú.
c) Papel vitela.
d) Papel verjurado.

69. ¿Cuál es la capacidad de una resma de papel según la definición tradicional?

a) 100 hojas.
b) 250 hojas.
c) 500 hojas.
d) 1000 hojas.

70. ¿Qué tipo de papel es ideal para la impresión de viñetas por su superficie lisa y satinada?

a) Papel Whatman.
b) Papel verjurado.
c) Papel vitela.
d) Papel tisú.

71. ¿Qué tipo de papel se utiliza comúnmente en los baños y cocinas?

a) Papel tisú.
b) Papel de impresión.
c) Papel verjurado.
d) Papel reciclado.

72. ¿Qué propiedad del papel indica su capacidad de mantener sus dimensiones originales?

a) Gramaje.
b) Blancura.
c) Estabilidad dimensional.
d) Rigidez.

73. ¿Qué tipo de papel deja ver unas rayas al trasluz a modo de filigrana?

a) Papel verjurado.
b) Papel vitela.
c) Papel tisú.
d) Papel de impresión.

74. ¿Qué tamaño de papel se utiliza generalmente para tarjetas postales?

a) A4.
b) A3.
c) A5.
d) A6.

75. ¿Cuál es la relación entre la longitud y el ancho en los formatos de papel de la serie A?

a) 1,618.
b) 1,4142.
c) 2,100.
d) 1,732.

76. ¿Qué proceso implica la separación de tintas durante el reciclaje del papel?

a) Clasificación.
b) Tinta y blanqueo.
c) Enfardado.
d) Tratamiento.

77. ¿Qué tamaño de papel es similar al de una tarjeta de visita?

a) A4.
b) A3.
c) A5.
d) A8.

78. ¿Qué tamaño de papel se usa para pequeños pósteres o diagramas?

a) A4.
b) A3.
c) A5.
d) A8.

Solución al test n.º 7

1. c) La taladradora.

2. d) Cenital.

3. c) Los escáneres.

4. d) La imagen a reproducir se proyecta directamente sobre el papel especial cuya superficie queda sensibilizada con cargas eléctricas.

5. a) A3.

6. c) No.

7. b) La línea telefónica.

8. b) Cerrada.

9. a) Las máquinas destructoras.

10. d) La impresora de margarita.

11. c) Se utilizan para ordenar y presentar adecuadamente los documentos, clasificándolos e incorporándoles portadas.

12. d) Cliché.

13. a) La "tinta" de la fotocopiadora.

14. b) Encuadernado.

15. b) Una medida tradicional para contar hojas de papel.

16. d) Escáneres de cama plana.

17. a) Impresora de margarita.

18. b) Amarillo, cian y magenta.

19. a) Un conjunto de técnicas y medios para reproducir documentos e imágenes.

20. c) Xerográfica.

21. a) Tóner.

22. b) El tambor giratorio.

23. c) Chester Carlson.

24. b) Electrostáticas.

25. b) Fotocopiadoras a color.

26. b) Entre 12 y 40 copias por minuto.

27. c) Devolver la máquina a su configuración predeterminada.

28. c) El tambor.

29. b) Reducir el costo y el impacto ambiental.

30. b) Ozono.

31. a) Apagar el interruptor principal.

32. c) Inhalar el polvo de tóner.

33. a) Una máquina que sirve para sacar copias de originales por procedimientos distintos a la fotografía o la imprenta.

34. b) Hectógrafo.

35. b) Cliché.

36. b) Considerable ahorro económico ante elevadas tiradas de papel.

37. a) Tipográfica.

38. c) Papel cebolla.

39. c) Placas laterales de salida del papel.

40. a) Abrir cuidadosamente la bandeja de alimentación del papel.

41. c) Tecla de inicio.

42. a) Colocar el papel con el lado ondulado hacia abajo.

43. c) Extraer la unidad de tambor.

44. b) Comprobar que están cerradas todas las puertas, cubiertas y unidades.

45. b) Una máquina con el cliché en su interior, enrollado y con aspecto de "papel cebolla".

46. c) Retirar el rollo de máster usado.

47. b) Subir o bajar dependiendo del tipo de papel.

48. a) Destruir documentos en papel de manera que queden inservibles e ilegibles.

49. b) Unen hojas automáticamente al detectar el documento.

50. c) Termoencuadernadora.

51. a) Papel vegetal o película.

52. c) Funcionan a velocidades entre 6 y 15 metros por minuto.

53. b) Tiene un costo alto por página.

54. a) Ensobrar documentos.

55. a) Impresora láser.

56. b) La máquina se activa automáticamente.

57. b) Encuadernadora de espiral o gusanillo.

58. a) Plastificación térmica.

59. b) Permiten la estampación mecánica del franqueo.

60. c) Termoencuadernadora.

61. a) Impresora de inyección de tinta.

62. a) Detecta papel y se pone en funcionamiento automáticamente.

63. a) Una estructura obtenida sobre la base de fibras vegetales de celulosa.

64. b) Rigidez.

65. b) Papel para corrugar.

66. d) 297 × 210 mm.

67. c) Que el papel ha sido fabricado sin cloro.

68. a) Papel de impresión y escritura.

69. c) 500 hojas.

70. c) Papel vitela.

71. a) Papel tisú.

72. c) Estabilidad dimensional.

73. a) Papel verjurado.

74. d) A6.

75. b) 1,4142.

76. b) Tinta y blanqueo.

77. d) A8.

78. b) A3.

TEST N.º 8

Carga, descarga y transporte de materiales y productos de limpieza. Empaquetado y almacenamiento de objetos y materiales de limpieza. Manipulación manual de cargas

1. Respecto a la inclinación del tronco en la manipulación manual de cargas, es correcto afirmar que:

a) La manipulación de una carga vigilando el centro de gravedad disminuye el riesgo de lesión en la zona.
b) La postura correcta al manejar una carga es con el tronco inclinado.
c) La postura correcta al manejar una carga es con la espalda derecha.
d) La técnica de levantamiento de la carga no afecta para una correcta manipulación.

2. En general, el peso máximo que se recomienda no sobrepasar en la manipulación manual de cargas es de:

a) 25 kg.
b) 30 kg.
c) 50 kg.
d) 20 kg.

3. Unas condiciones ideales de manipulación manual de cargas incluyen:

a) Levantamientos rápidos y continuados.
b) Espalda inclinada hacia delante.
c) Manejo de la carga sin giros ni inclinaciones.
d) Sujeción del objeto con una posición de la muñeca en ángulo de 90º.

4. En relación con la manipulación manual de cargas, la primera obligación del empresario es:

a) La formación e información de los trabajadores.
b) La vigilancia de la salud.
c) Evaluar los riesgos.
d) Evitar la manipulación manual.

5. A efectos prácticos, la Guía Técnica para la evaluación y prevención de los riesgos derivados de la manipulación manual de cargas considera carga a los objetos de:

a) Más de 1 kg.
b) Más de 3 kg.
c) Más de 5 kg.
d) Menos de 60 kg.

6. El riesgo de lesión será menor:

a) Cuanto más alejada esté la carga del cuerpo.
b) Cuanto más se gire el tronco.
c) Cuanto menor sea la frecuencia de la manipulación.
d) Cuanto menor sea el tiempo de descanso entre manipulaciones.

7. La Guía Técnica para la evaluación y prevención de los riesgos derivados de la manipulación manual de cargas recomienda que la profundidad de la carga no supere:

a) Los 25 cm.
b) Los 35 cm.
c) Los 60 cm.
d) Los 90 cm.

8. Según la Guía Técnica para la evaluación y prevención de los riesgos derivados de la manipulación manual de cargas, desde el punto de vista preventivo, lo ideal es no transportar la carga una distancia superior a:

a) 1 metro.
b) 3 metros.
c) 5 metros.
d) 10 metros.

9. Cuando los trayectos de manipulación manual de cargas no superan los 10 metros, el peso máximo acumulado transportado en una jornada de 8 horas de trabajo será de:

a) 3.000 kg.
b) 6.000 kg.
c) 10.000 kg.
d) 12.000 kg.

10. Se recomienda que en locales interiores el rango de temperaturas para trabajos ligeros se encuentre entre:

a) 10º y 30º.
b) 14º y 25º.

c) 5º y 35º.
d) 20º y 24º.

11. ¿Cuál de las siguientes acciones en la manipulación manual de cargas es correcta?

a) Doblar las piernas manteniendo en todo momento la espalda derecha, y mantener el mentón metido. No flexionar demasiado las rodillas.
b) Juntar los pies para proporcionar una postura estable y equilibrada para el levantamiento.
c) Girar el tronco antes de cambiar de dirección.
d) Sujetar firmemente la carga empleando ambas manos y separarla del cuerpo.

12. Según la Guía Técnica para la evaluación y prevención de los riesgos derivados de la manipulación manual de cargas, aquellas cargas sin asas que pueden sujetarse flexionando la mano 90º alrededor de la carga, se consideran de:

a) Agarre óptimo.
b) Agarre bueno.
c) Agarre regular.
d) Agarre malo.

13. El desplazamiento vertical ideal de una carga es de:

a) Hasta 25 cm.
b) Hasta 50 cm.
c) Hasta 100 cm.
d) Hasta 175 cm.

14. Cuando se maneja una carga entre dos personas la capacidad de levantamiento es:

a) La suma de sus capacidades individuales.
b) Dos tercios de la mayor de las capacidades de los dos trabajadores.
c) Dos tercios de la suma de sus capacidades individuales.
d) La mitad de la suma de sus capacidades individuales.

15. La Guía Técnica recomienda que no se deberían manipular cargas en postura sentada (siempre que sea en una zona próxima al tronco, evitando manipular cargas a nivel del suelo o por encima del nivel de los hombros y giros e inclinaciones del tronco) de más de:

a) 3 kilos.
b) 5 kilos.
c) 10 kilos.
d) 15 kilos.

16. ¿Qué normativa regula el almacenamiento de productos químicos en España?

a) Ley 31/1995, de prevención de riesgos laborales.
b) Reglamento CLP sobre clasificación y etiquetado.
c) Real Decreto 656/2017, de 23 de junio.
d) Reglamento REACH sobre sustancias químicas.

17. ¿Qué debe evitarse al guardar lejía, salfumán y amoníaco?

a) Almacenarlos juntos.
b) Guardarlos en botellas opacas.
c) Refrigerarlos constantemente.
d) Mantenerlos a la luz solar.

18. ¿Qué característica deben tener los envases para líquidos peligrosos?

a) Ser de plástico transparente.
b) Estar etiquetados únicamente con pictogramas.
c) Ser de seguridad, con cierre automático.
d) Tener asas metálicas reforzadas.

19. ¿Qué debe hacerse con productos que puedan reaccionar entre sí si se almacenan juntos?

a) Almacenarlos en estanterías altas.
b) Separarlos mediante barreras físicas.
c) Etiquetarlos con colores diferentes.
d) Taparlos con telas ignífugas.

20. ¿Dónde deben colocarse los productos más voluminosos y de uso frecuente?

a) En armarios metálicos cerrados.
b) En las partes altas de las estanterías.
c) En las zonas bajas de las estanterías.
d) En estanterías móviles.

21. ¿Qué debe evitarse al manipular productos de limpieza?

a) La inhalación de vapores.
b) El uso de guantes de protección.
c) La lectura de la ficha de seguridad.
d) Ventilar el espacio de trabajo.

22. ¿Qué medida se recomienda si se salpica ácido a los ojos?

a) Aplicar solución salina.
b) Cubrir el ojo y esperar asistencia.

c) Lavar con abundante agua fría y acudir al servicio médico.
d) Colocar un parche ocular.

23. ¿Qué debe hacerse ante un derrame de disolventes?

a) Neutralizarlos con vinagre.
b) Diluirlos con agua directamente.
c) Recogerlos con materiales adsorbentes.
d) Verterlos en el desagüe para limpieza.

24. ¿Qué está prohibido hacer en zonas donde se manipulan productos de limpieza?

a) Lavar el suelo con agua.
b) Fumar o consumir alimentos.
c) Usar mascarillas y gafas.
d) Limpiar con paños desechables.

25. ¿Qué acción debe realizarse en caso de emergencia según el plan?

a) Seguir las instrucciones del responsable.
b) Cerrar los productos y esperar órdenes.
c) Usar el ascensor para evacuar rápidamente.
d) Salir corriendo sin seguir indicaciones.

26. ¿Qué material es especialmente adecuado para resistir productos químicos agresivos en envases de limpieza?

a) Polietileno de alta densidad (HDPE).
b) Vidrio templado.
c) Cartón prensado.
d) Acero inoxidable.

27. ¿Qué tipo de envase se recomienda para detergentes en polvo o cápsulas solubles?

a) Botellas de vidrio.
b) Recipientes metálicos.
c) Bolsas y sobres laminados.
d) Envases de aluminio.

28. ¿Qué información debe figurar obligatoriamente en el etiquetado de productos de limpieza?

a) Fecha de fabricación y caducidad.
b) Instrucciones para el reciclaje del envase.

c) Composición química, modo de empleo, símbolos de peligro.
d) Opiniones de los usuarios sobre su eficacia.

29. ¿Qué elemento del etiquetado proporciona contacto en caso de emergencia?

a) Código de barras.
b) Sello ecológico.
c) Información del fabricante: dirección y teléfono.
d) Número de lote de fabricación.

30. ¿Qué característica debe tener el tapón de un envase para prevenir intoxicaciones infantiles?

a) Estar precintado con cinta.
b) Ser a prueba de niños.
c) Tener un diseño ergonómico.
d) Ser de material opaco.

31. ¿Por qué es útil un sellado hermético en envases de productos de limpieza?

a) Mejora la estética del envase.
b) Permite su uso repetido sin perder contenido.
c) Facilita el reciclaje del material.
d) Evita derrames y evaporación de sustancias volátiles.

32. ¿Qué tipo de productos requieren un doble envase o recubrimiento especial?

a) Detergentes en polvo.
b) Limpiadores con aroma floral.
c) Productos multiusos.
d) Ácidos o lejías muy corrosivos.

33. ¿Cuál de las siguientes es una medida ecológica en el empaquetado de productos de limpieza?

a) Envasar en botellas de vidrio decorativo.
b) Añadir perfume al producto.
c) Usar envases reciclables o biodegradables.
d) Diseñar etiquetas multicolores.

34. ¿Qué ventaja tiene el uso de productos en formato concentrado?

a) Duran menos y son más baratos.
b) Aumentan la necesidad de transporte.
c) Reducen el uso de plásticos y transporte innecesario.
d) Requieren mayor ventilación durante su uso.

35. ¿Qué se debe garantizar en el almacenamiento para evitar acumulación de vapores peligrosos?

a) Iluminación fluorescente.
b) Control de temperatura.
c) Estanterías metálicas.
d) Ventilación adecuada.

36. El manejo y el levantamiento de cargas es una de las principales causas de lumbalgia, señale las medidas correctas para prevenir riesgos en esta actividad:

a) No flexionar las rodillas y mantener la espalda recta y alineada.
b) Acercar al máximo el objeto al centro del cuerpo y levantar el peso de forma gradual, suavemente y sin sacudidas.
c) Girar el tronco mientras se está levantando la carga y nunca pivotar sobre los pies.
d) Todas las respuestas son correctas.

37. Si hablamos de manipulación manual de cargas, el calzado que deberá utilizarse debe ser:

a) Antideslizante.
b) Con protección adecuada el pie contra la caída de objetos.
c) Estable y no provocar caídas.
d) Todas las respuestas son correctas.

38. ¿Qué se entiende por carga?

a) Cualquier objeto susceptible de ser movido.
b) Transporte de animales.
c) Traslado de personas (enfermos) en un hospital.
d) Todo lo anterior es cierto.

39. ¿Qué zona corporal es la más dañada por la manipulación de cargas?

a) Espalda (zona dorso-lumbar).
b) Tórax.
c) Espalda (zona cervical).
d) Extremidades inferiores.

40. ¿Cuándo los objetos se consideran carga en relación con su peso? Aquellos que sobrepasen más de:

a) 1 kg.
b) 3 kg.
c) 25 kg.
d) 40 kg.

41. ¿Qué carga no se recomienda que manejen mujeres, trabajadores jóvenes o aquellos de edad avanzada? Cargas superiores a:

a) 5 kg.
b) 15 kg.
c) 25 kg.
d) 35 kg.

Solución al test n.º 8

1. c) La postura correcta al manejar una carga es con la espalda derecha.

2. a) 25 kg.

3. c) Manejo de la carga sin giros ni inclinaciones.

4. d) Evitar la manipulación manual.

5. b) Más de 3 kg.

6. c) Cuanto menor sea la frecuencia de la manipulación.

7. b) Los 35 cm.

8. a) 1 metro.

9. c) 10.000 kg.

10. b) 14 y 25º.

11. a) Doblar las piernas manteniendo en todo momento la espalda derecha, y mantener el mentón metido. No flexionar demasiado las rodillas.

12. c) Agarre regular.

13. a) Hasta 25 cm.

14. c) Dos tercios de la suma de sus capacidades individuales.

15. b) 5 kilos.

16. c) Real Decreto 656/2017, de 23 de junio.

17. a) Almacenarlos juntos.

18. c) Ser de seguridad, con cierre automático.

19. b) Separarlos mediante barreras físicas.

20. c) En las zonas bajas de las estanterías.

21. a) La inhalación de vapores.

22. c) Lavar con abundante agua fría y acudir al servicio médico.

23. c) Recogerlos con materiales adsorbentes.

24. b) Fumar o consumir alimentos.

25. a) Seguir las instrucciones del responsable.

26. a) Polietileno de alta densidad (HDPE).

27. c) Bolsas y sobres laminados.

28. c) Composición química, modo de empleo, símbolos de peligro.

29. c) Información del fabricante: dirección y teléfono.

30. b) Ser a prueba de niños.

31. d) Evita derrames y evaporación de sustancias volátiles.

32. d) Ácidos o lejías muy corrosivos.

33. c) Usar envases reciclables o biodegradables.

34. c) Reducen el uso de plásticos y transporte innecesario.

35. d) Ventilación adecuada.

36. b) Acercar al máximo el objeto al centro del cuerpo y levantar el peso de forma gradual, suavemente y sin sacudidas.

37. d) Todas las respuestas son correctas.

38. d) Todo lo anterior es cierto.

39. a) Espalda (zona dorso-lumbar).

40. b) 3 kg.

41. b) 15 kg.

Cómo acceder al Curso

Conserje Limpiador/a
Test del Temario

El uso de los códigos **es exclusivo de los compradores de los productos de Editorial MAD**. Cada producto posee un código único y de un solo uso. Es personal e intransferible y da acceso a servicios y contenidos adicionales. Editorial MAD se reserva el derecho de hacer cuantas comprobaciones sean necesarias para identificar al legítimo poseedor del código y dejar de dar servicio a quien haga uso fraudulento del mismo, además de emprender cuantas acciones legales estime oportunas según la legislación vigente.

Deberás acceder a:

mad.es/registro-campus

Si una vez aceptadas las condiciones de uso del Campus decides hacer uso del mismo, necesitarás del siguiente código de acceso junto con los códigos del resto de títulos que se exigen (si fuera el caso):

Y9ZSCP57LD